바꿀끈
부자들의
돈 버는 지혜

일러두기

1. 본서의 1부에는 조지 S. 클레이슨이 1926년에 출간한 The Richest Man in Babylon의 완역본을 담았으며, 1937년 개정판에 수록된 E. 맥퍼슨 콜의 서문을 추가로 소개했다.

2. 2부에는 1부를 더 깊이 이해하고, 자기계발 모임이나 가정에서 혹은 개인적으로 돈에 관해 공부할 수 있도록 저자가 직접 집필한 질문 및 공부 방법들이 담겨 있다.

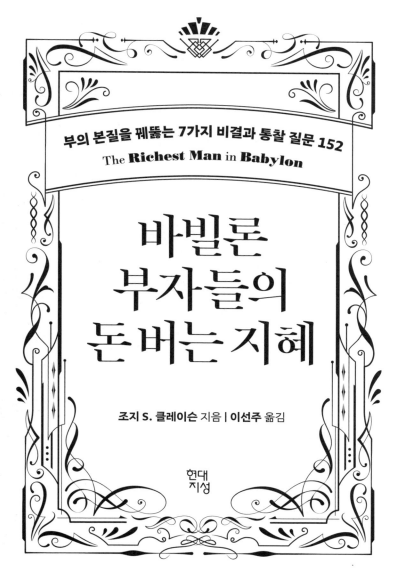

부의 본질을 꿰뚫는 7가지 비결과 통찰 질문 152

The **Richest Man** in **Babylon**

바빌론
부자들의
돈 버는 지혜

조지 S. 클레이슨 지음 | **이선주** 옮김

현대
지성

차례

2부 새로운 깨달음: 더 깊은 질문들

바빌론 최고 부자 아카드가 전한
부자가 되는 7가지 비결

◇◇◇

첫 번째, 돈을 모으기 시작하라.

두 번째, 지출을 조절하라.

세 번째, 돈을 불려라.

네 번째, 원금을 잃지 않고 지켜라.

다섯 번째, 집을 장만하라.

여섯 번째, 노년이나 가장이 사망할 때를 대비하라.

일곱 번째, 돈 버는 능력을 키우라.

The Richest Man In Babylon

바빌론 최고 부자 아카드가 전한
재물의 다섯 가지 법칙

◇◇◇

첫째, 누구든 수입의 10분의 1 이상을 떼어 모으는 사람에게 재물은 기꺼이 찾아와서 눈덩이처럼 불어난다. 그래서 그 사람과 가족의 미래를 대비하는 재산이 형성된다.

둘째, 현명한 주인이 안전하면서도 수익을 많이 낼 수 있는 곳을 찾아 투자하면 재물은 열심히 일해 만족스러운 결과를 가져다준다. 재물은 들판의 양 떼처럼 늘어난다.

셋째, 재물 다스리는 법을 아는 현자에게 조언을 구해 신중히 투자하는 자만이 그 재물을 지킬 수 있다.

넷째, 재물 관리의 달인이 찬성하지 않거나 모르는 분야의 사업이나 일에 투자하는 자의 재물은 속절없이 사라진다.

다섯째, 하룻밤에 부자 되길 꿈꾸는 자, 사기꾼과 모사꾼의 감언이설에 넘어가는 자, 자신의 미숙함과 몽상에 기대어 투자하는 자의 재물은 달아난다.

"황금이 바로 저기에 있다!"

이 한 마디에 우리 가슴은 두근거리며, 영혼은 불타오른다. 그 말은 우리를 움직이게 하고, 내면 깊은 곳에서 잠자던 열망을 깨운다. 그것은 멀고 신비로운 곳을 향한 동경이며, 무진장한 보물에 대한 끝없는 갈망이다. 이 열망은 인류를 지구의 구석구석으로 이끌었고, 문명 확산의 원동력이 되었다. 인류사에서 가장 위대하고 성공적인 보물찾기 역시 이 갈망에서 시작되었다.

콜럼버스가 신대륙을 발견하고 귀국했을 때, 그의 손에는 서인도 카리브해 제도 원주민들과 물물교환한 금 조각들이 있었다. 원주민들은 금을 어디에서 캐내는지 알지 못했다. 그들은 단지 본토에서 가져왔으며, 그곳에는 훨씬 더 많은 금이 있다고 막연히 이야기했을 뿐이다.

콜럼버스는 이사벨 여왕 앞에 서서, 아메리카 원정에 대한 그녀의 후원이 정당했음을 증명하고 싶었다. 그는 현란한 언변과 함께 금 조각들을 내밀며, 신대륙에는 상상을 초월하는 엄청난 양의 금이 매장되어 있다는 원주민들의 이야기를 전했다.

스페인 왕실은 콜럼버스의 보고에 크게 들떠, 탐험대를 잇달아 파견하며 새로운 엘도라도를 향한 모험을 시작했다. 수천 명의 용감한 탐험가들이 그의 뒤를 이어 대서양의 거친 파도를 헤쳐나갔다. 콜럼버스와 함께 항해했던 선원들조차 폭동을 일으킬 정도로 혹독한 여정이었지만, 그들의 마음속에는 찬란한 보물의 꿈이 자리 잡고 있었다. 그 꿈에 이끌려, 그들은 고된 항해를 묵묵히 견뎌냈다.

상륙 후에도 시련은 계속되었다. 낯선 대륙에서는 더 큰 위험과 역경이 그들을 기다리고 있었다. 열대 질병과 척박한 환경, 원주민들과의 갈등까지… 탐험가들은 숱한 고난을 극복해야만 했다.

우리는 그 시대 스페인 탐험가들의 열정과 투지에 감탄을 금치 못한다. 그들은 오클라호마와 콜로라도 같은 내륙 깊숙이 진출했고, 대륙을 관통해 캘리포니아까지 갔다. 마침내 멕시코 중부와 안데스산맥 서쪽 사면에서 엄청난 양의 금을 발견했다. 기대를 훌쩍 뛰어넘는 어마어마한 분량이었다. 그들은 아즈텍과 잉카제국의 금을 무자비하게 약탈해 배에 싣고 본국으로 실어 날랐다. 사상 최대의 성공적인 보물찾기였다.

그 뒤로도 같은 열망을 품은 보물 사냥꾼들이 북미 대륙을 횡단해 캘리포니아로, 금광을 찾아 콜로라도, 아이다호, 몬태나, 네바다로 향했다. 사금을 캐기 위해 얼어붙은 알래스카의 클론다이크 지역까지 갔다. 세계 곳곳에서 열성적인 보물 추적자들이 캐나다, 뉴질랜드, 남아공 등 헤아릴 수 없이 많은 곳으로 몰려들었다. 금광을 찾아 광적으로 헤맨 그 시기에 인류는 지구 곳곳으로 발걸음을 내디뎠다.

이제 강바닥에서 금가루가 반짝이며 누군가 발견해주길 기다리는 시대는 지났고, 황금의 시대는 저물었다. 하지만 우리에겐 여전히 보물을 찾고자 하는 본능과 충동이 남아 있다.

보물에 대한 욕망을 채우기 힘들어진 요즘, 이 책의 주인공 아카드가 우리 눈길을 사로잡는다. 아카드는 당대 세계 최고로 부유했던 도시 바빌론에서도 으뜸가는 갑부로 이름났고, 실제로도 그랬다. 아카드는 우리처럼 마음속으로 보물 사냥꾼이었다. 그는 깊고도 간절하게 재물을 원했다. 재물보다 더 고귀한 것을 찾고 있다고 자신을 속이려 들지 않았다. 그만큼 현실적이었고, 부가 있으면 다른 모든 좋은 것도 따라온다는 것을 알았다. 그래서 자신의 필요와 욕구를 채울 만큼 충분한 재물을 쌓으려 했고, 남는 돈으로 세상에 선한 영향력을 끼치고자 했다.

바빌론 안에는 이 야심찬 청년이 달려들 일확천금의 금맥이 없었다. 그는 아주 보잘것없는 곳에서 출발해 최저 임금을 받으며, 치열한 경쟁 속에서 부를 일궈야 했다.

하지만 아카드는 사색하는 사람이었다. 다른 젊은이들처럼 빈곤에 안주하길 거부했다. 방법만 알면 부자가 될 수 있다고 확신했다. 그래서 그는 풍요로운 이 도시의 부자들이 부를 쌓은 비결을 끊임없이 연구하고 고민했다. 충만한 열정과 의지로 마침내 그 비밀을 발견했고, 결국 큰 부자가 되었다.

평범한 부자가 아니라 초갑부의 반열에 올라선 것이다. 바빌론 사람들은 아카드를 보며 놀라워했다. 그들은 아카드가 어떻게 그런 부를 이룰 수 있었는지 궁금해했다. 아카드는 그들의 질문에 자신의 삶을 변화시킨 비결을 아낌없이 공유했다. 그 가르침은 고대 바빌론에서뿐 아니라 지금도 변함없이 유효할 정도로 실용적이다.

옛적의 노련한 금광 사냥꾼들은 지질학상 있을 수 없는 곳에서 금맥을 찾아내면서 이렇게 말하곤 했다. "당신이 찾는 그곳에 황금이 있다." 아카드는 우리가 생각지도 못한 곳에 엄청난 부가 숨어 있을지 모른다고 일깨운다. 막연히 멀리 있는 금광을 찾을 게 아니라 우리 가까이에서 황금을 찾을 수 있다는 것이다. 작열하는 사막, 눈 덮인 산, 열대 습지까지 갈 필요 없이 안락한 환경에서도 부를 쌓을 수 있다는 것이다. 그는 우리에게 진정 보물을 찾겠다는 본능과, 옛사람들처럼 궁핍과 역경을 견뎌내는 의지만 있다면 안전하고 확실하게 목표를 이룰 방법이 있음을 보여준다.

그의 방식을 쓰면 분명 큰 고난 없이도 머나먼 금광을 발견했을 때만큼의 부를 얻을 수 있다. 오로지 찾아내겠다는 확고한 의지를 지닌 이에게 성공이 기다리고 있다. 특출한 사람만이 성공한다는 편견은 버려야 한다. 전혀 그렇지 않다. 의지력은 특별한 이들만의 것이 아니다. 우리 모두가 지닌 힘이자 누구나 발휘할 수 있는 것이다. 의지에 대해 오해하지 말라는 의미에서 아카드는 이렇게 정의 내린다.

"의지력이라니! 터무니없는 소리야. 의지력만 있다고 낙타나 황소조차 감당하기 힘든 짐을 질 수 있겠나? 의지란 결국 끝까지 해내겠다는 확고한 목적의식 아닌가? 나는 아무리 사소한 목표라도 반드시 이뤄내려고 했어. 하찮은 일도 성취 못한다면 어찌 큰일을 해낼 수 있겠나?"

이런 지혜를 깨우친 아카드는 우리에게 부를 얻기 위한 핵심 원리, 최종 목표에 이르는 통찰을 알려준다. 그것은 분명 옛 보물 사냥꾼들에게도 필수였던 원칙이다. 중도 포기하거나 우유부단한 자는 결코 황금을 집으로 가져갈 수 없었을 것이다.

고대 바빌론 현자들의 지혜를 담은 이 책의 서문을 쓰며, 나는 이 책이 시대를 초월한 고전이 될 것이라고 확신했다. 시대를 막론하고 누구에게나 도움이 될 만한 내용을 담고 있기에 그렇다.

이 책은 부를 향한 지름길을 제시한다. 이는 누구에게나 열려 있는 기회이며, 배움에 대한 열정만 있다면 누구든 그 길에 들어설 수 있다.

자연은 그 혜택을 아낌없이 베푼다. 나무가 자신의 잎사귀 수를 제한하지 않듯, 삶도 우리에게 좋은 것들을 무한히 내어 준다. 다만 준비된 자만이 삶이 베푸는 선물을 마음껏 누릴 수 있다.

누구에게나 유용한 돈 문제 해결의 지혜를 전해준다는 점에서 이 책은 앞으로도 오랫동안 사랑받을 것이다. 더 중요한 부분은 영원한 부를 얻기 위한 원칙을 명쾌하고 흥미진진하게 깨우쳐 준다는 사실이다. 경제적 곤경에 처한 이들에겐 확실한 도움이 될 것이다. 돈에 대한 올바른 이해가 절실한 세상에서, 해마다 학교를 졸업하는 수많은 청년에게 이보다 더 유익한 가르침을 줄 수 있을까?

독자들이 저자에게 보낸 편지 더미를 읽으며 이 책이 얼마나 감명 깊었는지 몸소 알 수 있었던 것은 나에게 큰 영광이었다. 어떤 젊은이는 드디어 삶의 지침을 찾았노라 기뻐했다. 하지만 대다수는 금융계나 사업계에서 오랜 경험을 쌓은 베테랑들이었다. 그들은 바빌론 현자의 말에 자신이 살아왔던 험난한 과정을 투영하며, 때론 값비싼 대가를 치른 실수를 회상하기도 했다. 식견과 경험만 있었다면 피할 수 있었을 실수들이었다. 한 인디애나 신사의 편지를 소개하고자 한다. 이 글을 보면 고통스럽고 값비싼 경험으로 돈의 지혜를 터득한 그의 모습이 떠오를 것이다. 그는 이 책의 가치를 다음과 같이 평한다.

내가 젊었을 때 이 지혜를 알았더라면 좋았을 것이다. 그랬더라면 불필요한 손해와 잦은 재정적 실수를 피할 수 있었을 테니까. 이 지혜는 더 크게 성공하는 데 도움이 되었을 것이다. 내 아이들에게 줄 책을 여러 권 준비해뒀다. 그들이 이해할 만한 나이가 되면, 이 지혜를 십분 활용할 수 있도록 할 생각이다.

나 역시 이 신사와 같은 바람을 품는다. 다음 세대의 젊은이들 모두가 그의 자녀들과 함께 이 책의 가르침을 깨우치길 간절히 바란다.

내가 더 보탤 말은 없을 것 같다. 저자의 글솜씨가 탁월하니 따로 더할 필요가 없다. 더 풍요로워지고픈 야망을 지닌 이, 부를 얻어 더 충만하고 풍성한 삶을 살고 싶은 이라면 누구든 이 책을 읽어보길 권한다.

우리 모두 보물을 찾아보자. 엄청난 황금이 우리를 기다리고 있다. 우리는 모두 보물 사냥꾼이 될 수 있다! 각자의 여정을 시작하자!

E. 맥퍼슨 콜

The Richest Man In Babylon

재물은 세속적 성공의 척도이자, 세상이 선사하는 최상의 기쁨을 누리게 하는 열쇠다.

재물 획득의 단순하면서도 근본적인 법칙을 깨우친 자들은 풍요로운 삶을 살 수 있으니, 이 법칙은 6천 년 전 사람들이 바빌론 거리로 모여들던 때와 같이 지금도 변함없이 작용하고 있다.

들어가며

우리 모두가 꿈꾸는 풍요로운 삶, 그 출발점은 다름 아닌 우리 자신에게 있다. 개개인의 노력과 역량이 모여 국가의 번영을 이루는 것처럼, 우리 각자가 부자가 되는 것이 곧 나라의 부강으로 이어진다. 이 책은 바로 그 길잡이가 되어줄 것이다.

부를 쌓는 일은 결코 하루아침에 이루어지지 않는다. 치밀한 계획과 준비 그리고 실천이 뒷받침되어야 한다. 하지만 우리는 종종 현명한 행동보다는 단편적인 사고에 머무른다. 이 책은 그런 우리에게 나침반과 같은 역할을 해줄 것이다. 돈을 버는 법, 지키는 법 그리고 투자하여 불리는 법에 이르기까지, 부를 향한 여정에 필요한 통찰을 아낌없이 담았다.

우리를 이끄는 곳은 바로 고대 바빌론이다. 수천 년 전, 세계

금융의 기본 원칙이 태동한 곳이다. 그 옛날 바빌론 사람들의 지혜는 오늘날에도 여전히 유효하다. 이 책을 통해 우리는 그들의 통찰을 배우고, 자신만의 부를 쌓아가는 영감을 얻게 될 것이다.

이 책이 더욱 빛나는 이유는 수많은 경영자들의 경험과 깨달음이 녹아 있기 때문이다. 그들 스스로가 책에 담긴 원칙을 활용하여 성공을 이뤘기에, 그 가르침의 참된 가치를 누구보다 잘 알고 있었다. 그런 그들이 아낌없이 공유해준 지혜 덕분에 이 책은 더욱 풍성해질 수 있었다.

고대 바빌론이 가장 부유한 도시가 된 이유, 그것은 바로 그 시대 그곳 백성들이 가장 부유했기 때문이다. 그들은 돈의 가치와 힘을 누구보다 잘 이해하고, 부를 불리기 위해 필요한 원칙들을 일상에서 실천했다. 안정적인 미래를 보장하는 수입원 마련, 꿈꾸던 목표를 이루게 해주는 현명한 재정 관리. 이 모든 것이 고대 바빌론 사람들의 지혜에서 비롯된 것이다.

시대를 뛰어넘는 부의 본질을 담은 이 책을 통해, 우리 모두가 풍요로운 삶을 향한 길을 열 수 있을 것이다. 고대 바빌론의 원칙을 되새기고 실천하는 것, 그것이 바로 우리가 원하는 부를 이루는 지름길이 될 것이다. 그리고 이 과정에서 우리는 단순히 재정적 풍요만이 아닌, 삶의 진정한 가치와 균형을 발견하게 될 것이다. 부의 축적은 그 자체가 목적이 아니라, 우리의 꿈을 실현하고 더 나은 세상을 만들기 위한 수단임을 깨닫게 될 것이다.

조지 S. 클레이슨

The Richest Man In Babylon

1부

────

부자가 되는 영원한 진리,
바빌론에서 찾다

재물을 간절히 원했던 남자

바빌론에서 마차를 만들어 판매해 먹고사는 반시르는 완전히 기운이 빠져 있었다. 집을 둘러싼 낮은 담에 걸터앉아 소박한 집과 열린 문 너머로 보이는 미완성된 마차가 있는 작업장을 쓸쓸히 바라보고 있었다.

그의 아내는 수시로 열린 문 앞에 모습을 드러냈다. 아내가 그를 향해 의미심장한 눈길을 보낼 때마다, 집에 먹을거리가 거의 떨어졌고, 마차를 완성하려면 더 열심히 일해야 한다는 사실이 다시 한번 생각났다. 망치질, 톱질, 윤내기, 색칠, 바퀴 가장자리 가죽 팽팽히 조이기, 인도 준비 등 부자 고객에게 돈을 받으려면 앞으로도 할 일이 많았다.

그런데도 그는 근육질의 땅딸막한 몸으로 멍하니 담에 걸 터앉아, 해답을 찾기 힘든 문제를 곱씹고 있었다. 늘 그렇듯 유 프라테스 강변의 열대 같은 햇볕이 무자비하게 내리쬐었다. 이마에 맺힌 땀방울이 정글 같은 가슴털 속으로 연신 흘러내 렸다.

그의 집 너머로는 왕궁을 둘러싼 높은 계단식 성벽이 우뚝 서 있었다. 가까이에는 벨 신전의 원색 탑이 푸른 하늘을 가르 고 있었다. 반시르의 소박한 집과 훨씬 더 누추하고 낡은 여러 집은 그 화려함의 그늘에 자리 잡고 있었다. 바빌론은 그런 곳 이었다. 도시를 보호하는 성벽 안에 화려함과 누추함, 눈부신 부와 극심한 가난이 계획도 체계도 없이 뒤섞여 있었다.

뒤를 돌아보면, 부자들이 타고 다니는 마차가 요란한 소리 를 내며 샌들 신은 상인과 맨발의 거지를 길가로 밀어내고 있 었다. 그 부자들조차 '왕명'을 받들어 물을 날라야 하는 노예 대열이 지나갈 때는 비켜설 수밖에 없었다. 노예들은 각자 공 중정원에 부을 물을 가득 담은 무거운 염소가죽 부대를 어깨 에 메고 있었다.

자신의 문제를 너무 골똘히 생각하느라 반시르에게는 붐비는 도시의 어지럽고 왁자지껄한 소리가 들리지도, 신경 쓰이지도 않았다. 그때 느닷없이 '딩딩' 익숙한 수금 소리가 들려 그는 공상에서 깨어났다. 고개를 돌려 보니 가장 친한 벗인 음악가 코비가 섬세한 얼굴로 웃고 있었다.

코비가 정중히 인사를 건넸다. "친애하는 벗이여, 신이 그대에게 큰 복을 내리기를. 그런데 보아하니 신이 이미 복을 주셔서 열심히 일할 필요가 없어 보이는구나. 네가 그런 행운을 얻다니 나도 기뻐. 내가 그런 처지라면 그 행운을 나누어주겠어. 틀림없이 불룩할 그대 돈주머니에서, 오늘 밤 귀족 연회가 끝날 때까지 2세겔만 제발 빌려줘. 연주 사례금을 받는 즉시 갚을 터이니 네가 돈을 잃는 일은 없을 거야."

반시르가 침울하게 대답했다. "내게 2세겔이 있다 해도 아무에게도 빌려줄 수 없네. 심지어 가장 가까운 그대라 할지라도 말일세. 그것이 나의 전 재산일 테니까. 친한 벗이라도 전 재산을 빌려주는 사람은 없지."

코비가 놀라 소리쳤다. "뭐라고? 지갑에 1세겔도 없이 석상처럼 꼼짝 않고 담에 앉아 있는 거야? 그렇다면 어째서 저

마차를 완성하지 않는 거야? 아니면 어떻게 너의 고상한 욕구를 채울 비용을 댈 수 있겠어? 친구, 너답지 않아. 너의 넘치는 에너지는 어디로 갔어? 도대체 무엇 때문에 이렇게 괴로워해? 신께서 너를 힘들게 했어?"

반시르가 답했다. "분명 신께서 주신 고통이야. 꿈, 덧없는 꿈을 꾼 후 고통이 시작되었어. 꿈속에서는 내가 부자라고 생각했어. 동전이 두둑하게 들어 있는 돈주머니가 허리띠에 매달려 있었거든. 거지들에게 마음껏 던져주어도 될 만큼 세겔이 많았어. 아내에게 화려한 옷과 장신구를 사주고, 뭐든 내가 원하는 일을 할 수 있을 만큼 은화도 많았어. 미래에 대해 불안해하지 않으면서 걱정 없이 은화를 쓸 수 있을 만큼 금화까지 많았어. 내 마음에는 그야말로 만족감이 넘쳐흘렀지! 너는 고생하던 옛 벗을 알아보지 못했을 거야. 얼굴에서 주름살이 사라지고 행복감으로 빛나는 내 아내도 알아보지 못했을 거고. 아내는 신혼 때처럼 다시 웃는 젊은 여인이 되었거든."

코비가 말했다. "정말 기분 좋은 꿈이네. 그런데 왜 그렇게 즐거운 꿈을 꾸고도 침울한 표정을 한 조각상 같은 얼굴로 담에 앉아 있어?"

"왜 그러지 않겠어! 꿈에서 깨어난 후 내가 얼마나 빈털터리인지 떠올리니 배신감이 밀려왔기 때문이야. 선원들 말마따나 우리 둘은 "한배를 탔잖아". 그러니 그 문제를 함께 의논해 보자고. 청소년 때 우리는 지혜를 배우겠다고 성직자들을 함께 찾아갔잖아? 젊을 때는 서로 기쁨을 나누었지. 어른이 되어서도 우리는 언제나 가까운 친구로 지냈어. 우리는 우리 식으로 사는 데 만족해 왔어. 우리는 오랜 시간 일하고, 그렇게 벌어들인 돈을 자유롭게 쓰는 삶에 만족해왔어. 우리는 지난 몇 년 동안 많은 돈을 벌었어. 하지만 재물의 기쁨을 누리려면 재물에 대한 소망을 가져야 해. 도대체 우리가 말도 못 하는 양보다 나을 게 뭐야? 우리는 세상에서 가장 부유한 도시에서 살고 있어. 바빌론만큼 부유한 도시가 없다고 여행자들이 말하잖아. 우리는 엄청난 부를 다루는 일을 하지만, 그 일로 자기 자신에게 남는 건 하나도 없어. 나의 가장 소중한 친구인 너는 반평생을 열심히 일해왔는데도 돈주머니가 텅 비어서 '오늘 밤 귀족들의 잔치가 끝난 후에 갚을 테니 2세겔을 빌려줄래?'라고 말하잖아. 그러면 나는 뭐라고 대답할까? '여기 내 돈주머니가 있으니 기꺼이 나누어 줄게'라고 말할까? 아니야. 내 돈주머니도 너와 다를 바 없이 텅 비었어. 뭐가 문제일까? 우리는 어찌하여 의식주를 해결하고도 남을 만한 은화와 금화를 모을 수 없는 걸까?"

반시르는 계속해서 물었다. "우리 아이들도 생각해보자. 그들도 우리와 똑같은 길을 걷고 있지 않나? 아이들, 그들의 가족, 손자들과 손자들의 가족이 평생 이렇게 부자들 사이에 살면서 우리처럼 시큼한 염소젖과 죽이나 먹는 삶에 만족해야 하는 걸까?"

"반시르, 우리가 오랫동안 가까이 지냈지만, 네가 이렇게 말한 적은 한 번도 없었어." 코비는 어리둥절해하며 대답했다.

"그렇게 오랫동안 한 번도 이런 식으로 생각한 적이 없었어. 그저 꼭두새벽부터 캄캄해질 때까지 아무나 만들 수 없는 가장 멋진 마차를 제작하려고 땀 흘려 일했지. 그러면서 언젠가는 신께서 내 훌륭한 행동을 인정해주시고, 큰 재물을 내려주실 거라고 겸허한 마음으로 소망했어. 하지만 신은 한 번도 그러지 않으셨어. 앞으로도 신이 절대로 그러지 않으시리라는 사실을 마침내 깨달았어. 그래서 이렇게 슬퍼하는 거야. 난 정말 부자가 되고 싶단 말이야. 내 땅과 가축을 소유하고, 멋진 옷을 걸치고, 돈주머니에는 돈이 두둑했으면 좋겠어. 이 모든 것을 위해 내 손의 기술과 머리의 지혜를 다해 등이 휘도록 기꺼이 일할 각오야. 물론 일한 만큼 정당한 보상도 받고 싶어. 우리 문제가 뭘까? 다시 물을게! 재물이 많은 사람은 좋은 물건을 마음껏 누리며 사는데, 우리는 어찌하여 정당한 몫을 가질 수 없단 말인가?"

코비는 대답했다. "내가 그 답을 어떻게 알겠어? 나도 너만큼 불만이 많아. 수금 연주로 번 돈은 눈 깜짝할 사이에 사라지고, 가족이 굶주리지 않게 하려면 빈틈없이 계획을 세워야 해. 게다가 머릿속에 떠오르는 선율을 마음껏 연주할 수 있는 큰 수금이 너무나 갖고 싶단 말야. 그런 악기만 있다면 왕이 들어본 어떤 음악보다 훌륭하게 연주할 수도 있을 텐데 말이야."

"너라면 당연히 그런 수금을 가져야 해. 바빌론 어디에도 너처럼 감미롭게 연주하는 사람은 없어. 네 연주는 왕뿐 아니라 신도 즐겁게 할 만큼 아름답잖아. 그런데 우리는 둘 다 왕의 노예처럼 가난하니, 어떻게 네가 그런 수금을 장만할 수 있겠어? 저 종소리 듣고 있어? 노예들이 지나가는군."

반시르는 강에서 퍼 올린 물을 나르기 위해 웃옷을 벗은 채

땀을 뻘뻘 흘리며 비좁은 골목을 힘겹게 오르는 노예들의 긴 행렬을 가리켰다. 다섯 명의 노예들이 허리를 굽힌 채 물이 가득 담긴 염소가죽 부대를 지고 줄지어 걸었다.

"노예들을 이끄는 남자는 허우대가 멀끔하네. 자기 고향에서는 유명한 사람이었을 거야. 금방 알아보겠어." 코비는 행렬의 앞에서 종을 들고 가는 사람을 가리켰다.

반시르가 동의했다. "허우대가 좋은 노예가 많아. 우리처럼 멀쩡한 남자들이지. 북쪽에서 온 키가 큰 금발 남자들, 남쪽에서 온 웃음 띤 흑인, 가까운 나라들에서 온 갈색 피부의 작은 남자들. 그들 모두 날이 바뀌어도 해가 바뀌어도 강에서 정원까지 무거운 짐을 지고 터벅터벅 함께 걸어가야 해. 행복은 꿈도 꾸지 못한 채 짚으로 만든 잠자리에 누워 거친 죽을 먹는 게 전부야. 정말 불쌍한 사람들이야, 코비!"

"나도 그들이 안됐어. 하지만 그들을 보면 자유인인 우리도 사실 별반 다를 바 없다는 걸 깨닫게 돼."

"기분 나쁘지만, 맞는 말이야, 코비. 세월이 흘러도 노예와 다름없는 삶은 질리도록 싫어. 일하고 일하고 또 일하는데 나아지는 건 없고!"

코비가 물었다. "다른 사람들은 어떻게 재물을 모으는지 살펴보고 우리도 그렇게 해야 하지 않을까?"

"우리가 배울 만한 비결이 있을 거야. 하지만 그 비결을 아는 사람에게 배워야 해." 반시르가 심사숙고하며 대답했다.

코비는 "그럼 오늘부터 당장 배우기 시작하자. 얼마 전에 길에서 오랜 친구 아카드를 만났는데, 황금 마차를 타고 있더라고. 그런 신분의 사람들이 으레 그렇듯 그 역시 내 초라한 처지를 제대로 알아보지 못했지. 하지만 많은 사람이 지켜보는 한가운데서 음악가인 나에게 손을 흔들며 반가이 웃어주더군."

"그 친구가 바빌론에서 가장 큰 부자라더라." 반시르가 감탄하며 말했다.

"엄청난 부자라 왕까지도 돈이 필요하면 그에게 도움을 청한다고 하던데." 코비가 대답했다.

반시르가 말을 가로챘다. "그렇게 큰 부자라니! 깜깜한 밤에 그를 만난다면 그 두둑한 돈주머니가 신경 쓰여서 무서울 지경이겠어."

코비가 타이르듯 말했다. "말도 안 되는 소리. 돈주머니 두께로 부자인지 어떤지 어찌 알겠어? 채워 넣을 돈의 원천이 없다면 아무리 두꺼운 돈주머니라도 순식간에 바닥을 드러내지. 아카드에겐 아무리 지출이 많아도 돈주머니를 계속 채울 수 있는 자금줄이 있다고 하더라."

반시르가 소리쳤다. "그래, 자금줄. 바로 그거야! 내가 가만히 앉아 있든 먼 여행을 떠나든 상관없이 내 주머니에 돈이 계속 찰 수 있다면 얼마나 좋을까? 아카드는 분명 그런 자금줄을 만드는 방법을 알고 있을 거야. 나 같은 둔한 사람도 이해할 수 있을 만한 방법 말이야."

코비가 대답했다. "아카드가 아들 노마시르에게 그 방법을 가르쳐줬다고 들었어. 니네베로 간 노마시르가 아버지의 도움 없이도 그곳 최고의 부호 중 한 명이 됐다는 소문 못 들었어?"

반시르의 눈에 다시금 희망의 빛이 스쳤다. "코비, 네 말을 듣고 좋은 생각이 떠올랐어. 좋은 친구에게 현명한 조언을 구하는 데는 돈 한 푼 들지 않잖아? 게다가 아카드는 늘 우리에게 너그러웠지. 우리 주머니가 작년의 빈 제비집처럼 텅 비었어도 너무 낙담하진 말자. 풍요로운 도시에 살면서도 가난에 허덕이는 게 정말 지긋지긋해. 풍요로운 도시에서도 궁핍하게 사는 게 진절머리 나. 부자가 되고 싶다고, 코비. 어서 가자,

아카드를 찾아가 우리도 어떻게 하면 안정적인 재원을 마련할 수 있는지 묻자고."

"반시르, 네 말이 맞아. 나도 막 깨달았어. 우리는 부자 되는 방법을 알아내려 해본 적이 없어. 그런 방법을 진지하게 찾아보려는 시도조차 하지 않았지. 너는 바빌론 최고의 튼튼한 마차를 만들기 위해 끊임없이 노력해왔어. 혼신의 힘을 다했지. 그래서 결국 너는 네 뜻을 이뤘어. 나 역시 최고의 수금 연주자가 되기 위해 애썼고, 그 목표를 이뤄냈지. 우리 둘 다 목표한 바는 성취했어. 신들은 우리가 계속 그렇게 살기를 바라셨던 거야. 하지만 이제 우리에게 새로운 깨달음의 빛이 비치기 시작했어. 떠오르는 태양처럼 눈부신 빛 말이야. 그 빛은 우리가 비밀을 알아갈수록 더 나은 삶을 살 수 있다고 속삭이고 있어. 이 새로운 깨우침으로 우리는 소망을 이루는 멋진 방법을 찾아낼 수 있을 거야."

반시르는 "오늘 당장 아카드에게 가자"라고 재촉했다.

"어린 시절 친구들에게도 우리와 함께 가자고 하자. 그들도 우리와 다를 바 없이 살아가니, 함께 아카드의 지혜를 들으면 좋잖아."

"반시르, 넌 친구들 생각을 정말 많이 하는구나. 그러니 너에게 친구가 많은 거야. 네 말대로 하자. 오늘 당장 친구들과 함께 가보자고."

바빌론 최고의 부자

아주 먼 옛날, 아카드라는 막대한 부를 가진 사람이 있었다. 대단한 부자라는 그의 명성은 멀리멀리 퍼졌다. 그는 너그러운 사람으로도 유명했다. 가난한 사람들을 아낌없이 도왔고, 가족들에게도 너그러웠다. 인색하지 않았음에도 그의 재산은 해마다 불어났다. 그의 어린 시절 친구들이 그를 찾아와 물었다.

"아카드, 너는 우리보다 운이 좋구나. 우리는 아등바등 살아가는데, 너는 바빌론에서 가장 큰 부자가 되었잖아. 우리는 가족들이 그저 그런 옷을 입고 우리 형편에 맞는 음식을 먹을 수만 있어도 만족해야 하는데, 너는 제일 좋은 옷을 입고 진귀한 음식을 즐길 수 있으니 말이야.

옛날에는 너도 우리와 다를 바 없었잖아. 똑같은 선생님 밑에서 공부했고, 똑같은 놀이를 했지. 공부도 놀이도 네가 우리보다 특출 나지 않았어. 그런데 세월이 흘러 지금, 너는 우리와는 전혀 다른 삶을 살고 있어. 너는 만인의 부러움을 사는 사람이 되었지. 우리가 판단하는 바로는, 네가 우리보다 더 열심히, 성실히 일한 것도 아니야. 그런데 운명의 여신은 왜 오직 너에게만 삶의 좋은 것들을 허락하고, 우리에게는 인색한 걸까?"

아카드는 곧장 반박했다.

"너희가 젊은 시절 이후 계속 근근이 살아가고 있다면, 재산을 모으는 법칙을 배우지 못했거나 그 법칙을 따르지 않았기 때문이야. 운명의 여신은 심술궂어서 누구에게도 계속 좋은 것만 주지는 않아. 수고하지 않고 부를 얻은 거의 모든 이들을 파멸시키지. 쉽게 얻은 돈으로 흥청망청 쓰는 사람들은 받은 걸 모두 금세 탕진해. 빈털터리가 되었는데도 채울 길 없는 욕구와 욕망만 늘어난 셈이지. 한편 운명의 여신 덕분에 재물을 얻고도 수전노처럼 그것을 쌓아두기만 하는 이들도 있어. 그들은 재물을 쌓아둔 채 무서워서 쓰지도 못해. 쓰고 나면 다시 채울 수 없다는 걸 알기 때문이지. 게다가 도둑맞을까 봐 두려워하며 남모를 고통과 공허감에 시달리면서 살아.

땀 흘리지 않고도 재물을 얻어 재산을 불리면서, 계속 행복하고 만족스럽게 사는 사람들도 있겠지. 하지만 그런 사람을 찾기는 무척 어려워. 나조차 소문으로만 들어봤을 뿐이야. 갑자기 유산을 물려받은 사람들을 생각해보면 내 말이 옳다는 걸 알 수 있을 거야."

친구들은 유산을 물려받은 이들을 떠올리며 그의 말이 옳다는 걸 인정했다. 그리고 그에게 어떻게 그렇게 잘살게 되었는지 설명해달라 청했다. 아카드는 말을 이어 나갔다.

"젊었을 때, 나는 내 주변을 둘러보며 행복과 만족을 주는 모든 좋은 것을 관찰했어. 그리고 재물이 그 모든 것을 가능케 한다는 사실을 깨달았지.

재물은 힘이야. 재물로 많은 일을 할 수 있어.

재물로 최고급 가구를 살 수 있고,

재물로 먼바다를 항해할 수 있어.

재물로 이국적인 진미를 맛볼 수 있고,

재물로 금은 세공사들이 만든 멋진 장신구를 살 수 있지.

재물로 신들을 위한 웅장한 신전을 지을 수도 있어.

재물로 이 모든 것과 더불어 감각을 즐겁게 하고 영혼을 충족시킬 다른 많은 일을 할 수 있어.

그리고 이 모든 걸 깨달은 그때, 나는 내 인생에서 좋은 것들을 마음껏 누리겠다고 결심했어. 저 멀리 서서 다른 이들이 즐기는 모습을 부러워하며 바라보고만 있진 않겠다고. 그저 남들 눈에 초라해 보이지 않을 만큼의 옷만 걸치고 살아서는 결코 만족할 수 없다고. 가난한 삶에 순응하지 않겠다고 말이야. 반대로, 좋은 것들을 누리는 사람이 되리라 마음먹었지.

너희도 알다시피, 나는 가난한 장사꾼의 아들인 데다 식구까지 많아서 재산을 물려받는다는 건 꿈도 꾸지 못했잖아. 그리고 너희가 정말 솔직하게 말했듯이, 힘이나 지혜가 남달리 뛰어난 것도 아니었지. 그래서 내가 원하는 걸 얻으려면 시간과 공부가 필요하다고 생각했어.

충분한 시간만 있다면 누구든 부자가 될 수 있어. 너희 각자는 재산을 모을 수 있었던 많은 시간을 허비했어. 훌륭한 가족 외에는 자랑할 만한 것이 없다는 걸 너희도 인정하겠지.

현명한 스승은 학습에는 두 가지 종류가 있다고 했어. 하나는 배워서 아는 것이고, 다른 하나는 모르는 것을 알아내는 방법을 익히는 훈련이야.

나는 재산을 모으는 방법을 터득한 뒤, 그것을 내 과제로 삼아 성실히 실천하기로 결심했지. 저세상으로 떠날 때 충분히 슬퍼할 테니, 밝은 태양 아래 사는 동안에는 삶을 만끽하는 게 현명한 처사 아니겠어?

나는 시청에서 필경사 일을 시작했어. 매일 장시간 점토판에 글을 새기는 고된 일이었지. 매주, 매달 부지런히 일했지만 수입은 형편없었어. 식비, 의복비, 신들에게 바치는 헌금 등 여러 지출로 수입이 모두 사라졌어. 그러나 나는 결심을 굽히지 않았지.

어느 날 부유한 대금업자 알가미시가 시청을 방문해 아홉 번째 법을 베껴 달라고 부탁했어. 그는 '이틀 안에 가져가야 해. 제시간에 마치면 은화 두 닢을 주겠네'라고 말했지.

그래서 나는 열심히 일했지만 법이 너무 길어서 제시간에 완성하지 못했어. 그는 화를 냈지. 내가 그의 노예였다면, 나를 두들겨 팼을 거야. 그러나 시청에서 일하는 나를 함부로 손찌검하지 못할 거라는 사실을 알았기에 겁이 나지 않았어. 그래서 그에게 '알가미시 님, 당신은 굉장히 부자잖아요. 나에게 부자가 될 수 있는 방법을 알려주시면 밤새 점토판에 글을 새겨서 해가 뜨기 전까지 완성하겠습니다'라고 제안했지.

그는 나를 보고 웃더니 '배짱이 두둑하군. 우리는 그걸 거래라고 부르지'라고 화답했어.

밤새 점토판에 글을 새기느라 등은 뻐근하고, 양초 냄새에 머리가 아프고, 눈은 거의 보이지 않을 정도로 침침해졌어. 그가 동틀 녘에 돌아왔을 때는 점토판이 완성되어 있었지.

나는 '이제, 약속하신 이야기를 해주세요'라고 이야기했어.

'자네가 먼저 약속을 지킨 덕분에 이제 내 차례가 되었군. 원하는 바를 말해주겠네. 노인이 되어가는 나는 말하기를 좋아하지. 젊은이가 충고를 구하러 오면 오랜 지혜를 전해줄 수 있어. 하지만 젊은이들은 노인의 지혜가 낡았다고 여기곤 해. 그러나 곰곰이 생각해보게. 오늘의 태양은 자네 아버지가 세상에 나왔을 때도, 자네 막내 손자가 세상을 떠날 때까지도 변함없이 빛날 걸세.

젊은이들의 생각은 종종 하늘을 환하게 빛내는 별똥별처

럼 밝게 빛나지만, 노인의 지혜는 빛을 내는 항성과 같지. 변함 없이 그 자리에 있어 선원들이 길을 찾도록 이끌지. 귀 기울여 들으면 내가 전하는 진리를 깨달을 수 있을 걸세. 그렇지 않으면 밤새 수고한 게 헛될 걸세.'

그는 날카로운 눈빛으로 나를 바라보며 차분하고 힘 있는 목소리로 말했어. '내가 번 돈의 일부를 저축하기로 결심했을 때 부자가 되는 길을 발견했네. 자네도 그렇게 하면 될 걸세.'

그는 말을 멈추고 나를 뚫어지게 바라보았지.

'그게 다예요?' 내가 물었어.

'그 결심만으로도 양치기의 마음이 대금업자의 마음으로 바뀔 수 있었지'라고 대답했어.

'그럼 번 돈을 모두 저축해도 되나요?'

'말도 안 되는 소리!' 그가 일갈했어. '옷, 신발, 가족의 식량을 사는 데도 돈이 필요하잖나. 돈을 쓰지 않고는 바빌론에서 살 수 없어. 지난달 수입에서 남은 게 있나? 작년에는? 어림도 없지! 여기저기 쓰고 자네에게 남은 건 없어. 멍청한 녀석, 자넨 다른 사람을 위해 일하는 거야. 먹여주고 입혀주는 주인을 위해 일하는 노예나 다름없어. 만약 번 돈의 10분의 1을 저

축한다면 10년 후에는 얼마나 모을 수 있겠나?'

'제 계산이 맞다면 1년 치 수입 정도 모을 수 있을 것 같습니다.'

'반만 맞았어. 모은 돈은 자네를 위해 일하는 노예와 같아. 저축한 동전들도 자네를 위해 돈을 벌어줄 수 있는 새싹이지. 부자가 되려면 저축액이 계속 불어나야 해. 푼돈이라도 불려 나가면 자네가 갈망하는 부를 이룰 수 있을 걸세.'

그는 말을 이었어. '내가 자네를 속이고 대가를 주지 않으려 한다고 생각하나? 하지만 내가 가르쳐준 진리를 깨우칠 만한 지혜가 있다면, 그 가치는 대가의 천 배도 넘을 걸세. 번 돈의 일부를 꼭 저축하게. 수입이 적어도 최소 십분의 1 이상을 저축해야 해. 형편이 허락한다면 그 이상으로 저축할 수도 있네. 저축액부터 미리 떼어놓고, 남은 돈으로 살아가게. 먹을 양식, 자선과 헌금은 충분히 남기되 옷이나 신발은 좀 아껴 보라고.

재산은 나무와 같아서 작은 씨앗에서 자라나. 처음 저축한 동전이 재산이라는 나무의 씨앗인 셈이지. 씨앗을 빨리 심을수록 나무도 빨리 자라. 꾸준히 저축하면서 양분과 물을 준다면, 머지않아 크게 자란 나무 그늘에서 만족을 누릴 수 있을 걸세.'

그는 말을 끝내고 새겨준 점토판을 들고 떠났어. 나는 한참 동안 그의 조언을 곱씹어보았지. 일리가 있는 말이었어. 그래서 그대로 실천해보기로 했어. 번 돈의 10분의 1을 떼어 숨겨 두었지. 이상하게 들릴지 모르겠지만, 그래도 이전보다 돈이 부족하지 않았어. 그 돈 없이도 그럭저럭 지냈기에 큰 차이를 느끼지 않았기 때문이야. 그런데 돈이 많이 쌓이기 시작하면서 상인들이 보여주는 멋진 물건들을 그 돈으로 사고 싶은 유혹에 휩싸일 때가 많았어. 페니키아에서 낙타와 배에 실려 온 물건들 말야. 그러나 나는 현명하게도 잘 참아냈어.

12개월 후, 알가미시가 돌아와 물었어. '젊은이, 지난 1년간 번 돈의 10분의 1 이상을 저축했나?'

나는 자랑스럽게 대답했다. '네, 선생님. 그렇게 했습니다.'

그는 환한 미소를 지으며 '잘했네. 그 돈으로 무엇을 했나?'라고 물었다.

'벽돌공 아즈무르에게 맡겼습니다. 그는 멀리 페니키아 항구 도시 티레에서 귀한 보석을 사오겠다고 했죠. 돌아와 그 보석을 팔아 이익을 나누기로 했습니다.'

이 말을 들은 그는 탄식했어.

'어리석구나. 벽돌공이 무슨 보석을 알겠나? 제빵사에게 별자리를 물어보겠나? 제정신이라면 점성술사를 찾아갔어야지. 자네 돈은 이미 날아갔어. 애써 키운 재산나무를 뿌리째 뽑아버렸군. 하지만 다시 심으면 된다네. 그리고 앞으로 보석에 대해 조언이 필요하면 보석상을 찾아가게. 양에 대해서는 양치기에게 물어보고. 누구나 조언할 순 있어도 전문가의 말에 귀 기울여야 한다는 걸 명심하라고. 문외한의 말을 듣고 돈을 투자했다가는 잘못된 판단임을 깨달을 땐 이미 돈을 잃고 난 후일 걸세.'

그는 이 말을 남기고 사라졌어. 예언대로 페니키아의 사기꾼이 쓸모없는 유리 조각을 보석이라며 아즈무르에게 팔아 내 돈을 모두 잃고 말았지. 하지만 나는 포기하지 않고 다시 수입의 10분의 1씩 저축했고, 점점 습관이 되니 더 이상 힘들지 않았어.

또 1년이 흐른 뒤 알가미시가 시청 필경사 방을 찾아와 '그동안 좀 나아졌나?'라고 물었어. '선생님 가르침대로 꾸준히 저축한 뒤, 방패공 아가르에게 빌려주고 달마다 이자를 받고 있습니다'라고 대답했다.

'잘했네. 그 이자로는 뭘 하나?'

'맛있는 꿀과 좋은 포도주, 빵을 실컷 먹을 수 있게 되었죠. 진홍색 옷도 샀어요. 머지않아 어린 당나귀도 살 겁니다.'

알가미시는 내 대답을 듣고 어이없다는 듯 피식 웃으며 '자네가 모은 돈에서 돋아난 새싹들을 먹어치우는군. 그러면 어찌 그 새싹들이 자네를 위해 일하길 바라겠나? 그리고 그 새싹들이 더 많은 새싹을 낳도록 도울 수 있겠나? 먼저 돈이 새끼 치게 해서 자네를 위해 일할 재물의 노예 군단을 만들게. 그다음 풍성한 부를 후회 없이 즐기게'라고 말한 후 다시 사라졌어.

그리고 2년이 지난 후에야 그를 다시 보았어. 그는 완전히 노인이 되어가고 있어서 얼굴에는 깊은 주름이 가득했고, 눈도 축 처졌어. 그는 내게 '아카드, 자네가 꿈꾸던 부자가 되었는가?'라고 물었지.

'아직 제가 바라는 만큼은 아닙니다. 하지만 모은 돈이 조금씩 불어나고, 다시 그 돈이 돈을 벌면서 점차 재산이 늘어나고 있습니다.'

'그럼 아직도 벽돌공의 조언을 듣나?'

'벽돌 만드는 일에 대해서는 그의 조언이 탁월합니다.'

'아카드, 자네는 가르침을 잘 익혔군. 맨 먼저, 자네는 벌 수 있는 돈보다 적은 돈으로 먹고사는 법을 배웠어. 그다음 경험이 많고 유능한 사람에게 조언을 얻는 법을 배웠고. 그리고 마지막으로, 돈으로 돈을 버는 법도 배웠어. 돈 버는 법, 모으고 활용하는 비결을 터득한 것이지. 자네는 이제 유능해져서 중요한 자리를 맡겨도 되겠어. 나는 나이가 들어가네. 내 아들 녀석들은 돈을 쓸 생각만 하지, 벌 생각은 전혀 하지 않아. 막대한 재산을 누가 관리해야 할지 걱정이야. 자네가 니푸르에 가서 내 재산을 돌봐 준다면 동업자로 삼아 재산을 나누어 주겠네.' 그는 이렇게 제안했어.

그래서 나는 니푸르에 갔고, 그의 재산을 관리했어. 엄청난 재산이더군. 나는 야심이 컸고, 재산 관리의 세 가지 법칙을 터득했기에 그의 재산을 더욱 크게 불릴 수 있었지. 그렇게 해서 나도 부자가 되었고, 알가미시가 세상을 떠났을 때는 그의 유언에 따라 그의 재산 중 일부를 물려받았어."

아카드의 이야기가 끝나자 친구 하나가 말했다. "결국 운이 좋았던 거군. 알가미시가 유산을 물려줬잖아."

"그를 만나기 전엔 그저 부자되려는 꿈만 있었다는 점에서는 운이 좋았다고 할 수 있겠지. 하지만 4년간 수입의 10분의 1을 꾸준히 모으며 분명한 목적의식을 보였잖아? 오랜 기간 물고기 습성을 연구해 날씨에 따라 그물 던지는 요령을 익힌 어부가 단지 운만 좋았다고 할 수 있나? 기회란 오만한 여신이라 준비가 안 된 자에겐 시간을 낭비하지 않아."

"너는 첫해에 모은 돈을 모두 잃고도 좌절하지 않고 계속 모을 정도로 의지력이 강하잖아. 그런 점에서 너는 남달랐어." 다른 친구가 크게 말했다.

아카드가 반박했다. "의지력이라니! 터무니없는 소리야. 의지력만 있다고 낙타나 황소조차 감당하기 힘든 짐을 질 수 있겠나? 의지란 결국 끝까지 해내겠다는 확고한 목적의식 아닌가? 나는 아무리 사소한 목표라도 반드시 이뤄내려고 했어. 하찮은 일도 성취 못 한다면 어찌 큰일을 해낼 수 있겠나? 가령 내가 '다리 건널 때마다 주운 자갈을 개울에 던지겠다'고 마음먹었는데, 7일째 되는 날 깜빡 잊고 그냥 지나쳤다면, '내일 자갈 두 개 던지면 되겠지'라고 넘기진 않아. 대신 발걸음을 돌려 자갈을 던질 거야. 20일 만에 문득 '아카드, 이건 허튼짓

이야. 날마다 자갈을 던진다고 무슨 소용이 있겠어? 한꺼번에 던지고 마는 게 낫지 않을까?' 하는 생각이 들지도 않을 거고, 실제로 그렇게 행동하지도 않아. 목표를 세웠으면 반드시 이뤄내야지. 그래서 애당초 지키기 힘들고 비현실적인 일은 시작조차 하지 않는 편이야. 나도 여유롭게 살고 싶거든."

이번엔 또 다른 친구가 크게 외쳤다. "자네 말이 맞다면 누구나 할 수 있을 만큼 간단해 보이는데. 다들 그렇게 한다면 부자가 넘쳐나지 않겠어?"

아카드가 대답했다. "부는 사람들이 애쓰는 곳에서 불어나지. 부자가 저택을 짓는다면 그 돈이 어디로 가겠나? 벽돌공, 건축가, 설계사에게 흩어지겠지. 그 집 짓는 데 기여한 이들에게 골고루 가는 셈이야. 완공된 집값은 건축비보다 더 오르지 않겠어? 집 부지와 주변 토지 가치도 크게 뛰잖아? 재산이 경이롭게 불어나는 이치지. 아무도 얼마나 늘어날지 예측 못 해. 페니키아인도 해상무역으로 번 돈으로 황량한 바닷가에 장엄한 도시를 세웠잖아?"

그러자 또 한 친구가 물었다. "그렇다면 우리 같은 이들이 부자가 되려면 어떻게 해야 한다고 충고해줄 수 있어? 세월이 흘러 이젠 젊지 않은데다 모아놓은 돈도 그다지 없는데, 어떻게 하지?"

"알가미시가 내게 알려준 지혜를 받아들이고, '내가 번 돈의 일부는 꼭 모으겠다'라고 다짐하라고 권하네. 아침에 일어나자마자 중얼거려 봐. 낮에도, 밤에도, 수시로 되뇌어. 하늘의 별처럼 마음에 새겨질 때까지 외워. 그 가르침을 새기고 수입 중 적절해 보이는 만큼 붙들어 매. 최소 10분의 1 이상을 떼어 저축해서 돈이 스스로 돈을 벌게 해야 해. 저축액이 부족하다 싶으면 소비를 줄여서라도 채워. 처음엔 그 정도라도 모아. 곧 네 보물을 가졌다는 풍요로운 기분을 느끼게 될걸. 그 보물이 불어나는 걸 보면 가슴이 뛸 거야. 삶의 새로운 기쁨으로 흥분될걸. 돈을 더 벌기 위해 열심히 노력하겠지. 수입이 늘어나면 그에 비례해서 저축액도 늘리지 않겠니?

그다음 네가 모은 돈이 너를 위해 일하게 하는 법을 배워. 그걸 너의 노예로 만들어. 그걸 밑천 삼아서 돈이 돈을 낳고, 또 그 돈이 돈을 낳게 해.

너의 미래를 위해 돈줄을 만들어놓아. 노인들을 보면서 너 역시 노인이 되는 날이 온다는 사실을 잊지 마. 그러니 너의 재물을 정말 조심스럽게 투자해야 해. 손실 위험 없이 엄청난 이익을 가져다주겠다는 달콤한 유혹에 넘어가지 마. 경솔한 이를 꾀어 뼈아프게 후회할 일만 남길 테니까.

또한 너에게 무슨 일이 닥치더라도 가족이 생계를 유지할 수 있도록 대비해 둬. 일정 기간 꾸준히 약간씩 모으다 보면 준비할 수 있어. 앞날을 내다보는 현명한 자라면 많이 벌 때까지 미루지 않아.

그리고 현명한 이들과 상의해. 매일같이 돈을 다루는 전문가의 조언을 들어. 내가 벽돌 만드는 아즈무르에게 돈을 맡기고 보석을 사달라고 한 그런 실수를 하지 마. 수익이 적더라도 안전한 곳에 투자하는 게 위험한 곳에 마음 졸이며 투자하는 것보다 백배 낫네.

살아 있는 동안 인생을 즐겨. 지나치게 돈을 모으느라 무리하거나 일만 하진 마. 수입의 10분의 1 정도는 쉽게 저축할 수 있는 액수라면 거기에 만족하고 형편에 맞게 살아. 돈 쓰는 걸 무조건 두려워하는 인색한 사람은 되지 마. 아름다운 삶을 충분히 누리고 즐겨야 하지 않겠어?"

친구들은 아카드에게 고맙다고 말한 후, 그의 집에서 나왔다. 어떤 친구들은 상상력이 부족해서 아카드의 말을 제대로 이해하지 못했기 때문에 아무 말도 하지 않았다. 어떤 친구들은 아카드 같은 부자라면 자기만큼 운이 좋지는 않은 옛 친구들에게 베풀어주어야 한다고 생각했기 때문에 빈정댔다.

그러나 몇몇 친구들은 새로운 깨달음을 얻었다. 그들은 알가미시가 왜 매번 아카드를 찾아왔는지 깨달았다. 아카드가 어둠에서 빛으로 나아가는 과정을 지켜보고 싶었던 것이다.

아카드가 진리를 깨우쳤을 때, 기회가 그를 기다리고 있었다. 하지만 스스로 깨닫고 준비되기 전까지는 그 누구도 기회를 잡을 수 없었다.

새로운 깨달음을 얻은 친구들은 이후로도 아카드를 자주 찾아왔고, 아카드는 그들을 반갑게 맞이했다. 아카드는 폭넓은 경험을 한 사람들이 언제나 기꺼이 그러듯, 그들과 이야기하면서 아낌없이 조언해주었다. 그리고 그는 친구들이 모은 돈을 높은 수익을 내면서도 안전한 곳에 투자하도록 도와주었다. 원금을 잃거나 배당을 받지 못하는 위험한 곳에는 손대지 않게 도왔다.

알가미시에게서 아카드로, 다시 아카드에게서 친구들에게로 전해진 진리를 깨우친 날은 그들 인생의 전환점이 되었다.

The Richest Man In Babylon

번 돈의 일부를 저축하라.

부자가 되는 일곱 가지 비결

사람들은 여전히 바빌론의 찬란함과 엄청난 부에 대해 이야기한다. 엄청난 보물로 가득했던 가장 풍요로운 도시였다는 바빌론의 명성은 시대를 뛰어넘어 지금까지 이어져 내려오고 있다.

하지만 바빌론이 언제나 풍요로웠던 건 아니다. 바빌론의 번영은 그 백성들의 지혜에서 비롯되었다. 그들은 어떻게 부자가 되는지를 터득했던 것이다.

위대한 왕 사르곤이 적국 엘람을 물리치고 개선했을 때, 그는 심각한 위기에 직면했다. 재상이 상황을 이렇게 설명했다.

"폐하의 대규모 관개 수로와 웅장한 신전 건설 사업 덕에 우리 백성들은 오랫동안 엄청난 번영을 누렸습니다. 하지만 이제 그 사업들이 끝나면서 서민들의 살림살이가 어려워진 것 같습니다. 일꾼들은 일자리를 찾지 못하고, 장사꾼에겐 손님이 끊겼으며, 농부들은 농산물을 팔지 못합니다. 백성은 돈이 없어 식량을 제대로 살 수 없게 되었습니다."

"이렇게 거대한 사업에 쏟아부은 자금이 도대체 어디로 간 거지?" 왕이 물었다.

재상이 답했다. "그 돈이 바빌론의 몇몇 거부들에게 쏠린 게 아닌가 걱정됩니다. 염소젖이 체를 빠져나가듯 대다수 백성의 주머니를 그냥 스쳐 지나간 것 같습니다. 이제 돈의 흐름이 멈추면서 서민들의 수입도 막혔습니다."

왕은 곰곰이 생각에 잠겼다가 물었다. "어찌하여 소수에게만 부가 집중되는 것인가?"

"그들은 치부의 비결을 알고 있기에 가능했습니다. 정직하게 돈을 번 자들을 탓할 순 없습니다. 아무리 정의로운 이라 할지라도 근면한 자의 재산을 강제로 빼앗아 무능한 자에게 나누어 주는 것은 옳지 않습니다."

"그럼 우리 백성 모두가 재산을 모으고 부유해지는 법을 배워야 하지 않겠나?"

"지당하신 말씀입니다. 하지만 누가 그들을 가르칠 수 있겠습니까? 사제들은 돈 버는 법에 대해 아무것도 모릅니다."

"그렇다면 누가 바빌론에서 돈 버는 데 가장 능통한가?" 왕이 물었다.

"폐하의 질문에 답이 있습니다. 누가 바빌론에서 가장 많은 재산을 모았습니까?"

"말 한번 잘했네, 나의 유능한 재상. 그거야 아카드지. 그가 바빌론 최고의 부자 아닌가? 내일 당장 그를 내 앞으로 데려오게."

이튿날 왕의 부름을 받은 아카드가 궁전에 도착했다. 이제 그는 일흔의 노구였지만 여전히 꼿꼿하고 기운이 넘쳤다.

"아카드, 자네가 이 도시 최고 부자로 알려져 있군." 왕이 말했다.

"모두들 인정하는 사실입니다. 폐하."

"자네는 어떻게 그렇게 부자가 되었는가?"

"우리 위대한 도시의 모든 이들에게 열려 있는 기회를 잡 았을 뿐입니다."

"맨주먹에서 시작했나?"

"부자가 되겠다는 열망 말고는 아무것도 없었습니다."

왕은 말을 이었다. "아카드, 우리 도시가 시름에 잠겨 있네. 극소수만이 치부의 비결을 알아 재물을 독점하고 있으니 말일 세. 다수는 돈을 지키는 법조차 모르니 말이야. 난 바빌론을 세 계 최고의 부자 도시로 만들고 싶네. 우리 도시에 부자가 넘쳐 나려면 그 비법을 모든 이에게 가르쳐야 하네. 아카드, 그 비법 이 있나? 나의 백성에게 전수해줄 수 있겠나?"

"물론입니다, 폐하. 제가 아는 전부를 나눠드리겠습니다."

아카드의 대답에 왕의 눈이 희망으로 반짝였다.

"정말 반가운 말일세. 이 위대한 사업에 힘 보태 주겠나? 학교 교사들을 먼저 가르쳐주면, 그들이 다시 제자들을 양성 해 온 나라에 퍼뜨릴 수 있을 텐데. 어떤가?"

아카드가 왕에게 절하며 말했다. "폐하의 명을 받들어 기 꺼이 제가 아는 모든 것을 전하겠습니다. 시민들을 위해, 또 폐 하의 영광을 위해 그리하겠습니다. 재상께서 백 명을 모아주신다면 제가 치부의 일곱 가지 비결을 전수하겠습니다."

보름 뒤, 엄선된 백 명이 배움의 전당에 모였다. 그들이 반원 모양으로 늘어선 화려한 좌석에 앉자, 아카드가 향냄새 풍기는 램프가 켜진 낮은 탁자 옆에 자리했다. 그가 일어서자 누군가 옆 사람을 쿡 찌르며 속삭였다. "여기 바빌론 최고 갑부를 보게나. 그렇지만 우리랑 다를 바 하나 없는 인간이로군."

아카드가 입을 열었다.

"저는 우리 위대한 왕을 위해 여러분 앞에 섰습니다. 저도 한때는 가난한 청년이었지만, 간절하게 부자가 되고 싶었습니다. 그리고 결국 그 방법을 터득해 부자가 되었습니다. 이제 왕께서 제가 깨달은 비결을 여러분에게 전하라 하십니다.

나는 아주 보잘것없는 상태에서 재산을 모으기 시작했습니다. 여러분이나 이 도시의 그 누구와도 다를 바 없었습니다. 처음에는 낡아빠진 돈주머니에 돈을 모으기 시작했어요. 늘 텅 비어 있어서 지긋지긋했던 돈주머니였죠. 짤랑짤랑 금화 소리가 들리도록 돈주머니를 빵빵하게 채우고 싶었습니다. 그래서 돈주머니를 두툼하게 채울 방법을 끈질기게 찾아냈고,

모두 일곱 가지 방법을 알아냈습니다.

여기에 모인 여러분에게 부자가 되는 일곱 가지 비결을 공개하겠습니다. 돈을 많이 벌고 싶은 사람이라면, 누구에게나 추천하는 비결이기도 하지요. 앞으로 7일에 걸쳐 하루에 하나씩 전수해 드리겠습니다.

내가 전해줄 지식을 귀담아들으세요. 그리고 생각이 다르다면 주저 없이 이야기하세요. 여러분끼리도 이야기를 나누세요. 이 교훈을 제대로 배우고 나면, 여러분의 돈주머니 안에 부자가 될 씨앗을 심을 수 있습니다. 여러분 각자가 먼저 현명하게 재산을 모으기 시작해야 합니다. 그런 다음에야 다른 사람들에게 이 비결을 가르칠 수 있어요.

여러분의 돈주머니를 두둑하게 채울 비결을 간단명료하게 가르쳐줄게요. 이는 부의 신전으로 가는 첫걸음입니다. 이 첫 디딤돌을 밟지 않고선 아무도 정상에 오를 수 없습니다.

이제 첫 번째 비결에 대해 생각해봅시다."

첫 번째 비결. 돈을 모으기 시작하라

◇◇◇

아카드는 생각에 잠긴 두 번째 줄에 앉은 남자에게 물었다. "훌륭한 친구여, 자네는 어떤 일을 하는가?"

"점토판에 기록을 새기는 필경사입니다." 그가 대답했다.

"나도 처음엔 그 일로 돈을 벌었네. 자네에게도 재산을 모을 기회가 열려 있어."

아카드는 뒷줄에 앉은 불그스름한 얼굴의 남자에게 말을 건넸다. "자네는 생계를 위해 무슨 일을 하는가?"

"전 백정입니다. 농부들에게서 염소를 사서 도축한 뒤 고기는 주부에게, 가죽은 제화공에게 팝니다."

"자네도 땀 흘려 돈을 버는군. 나처럼 성공할 자질을 두루 갖추고 있어."

이렇게 아카드는 각자의 생업을 하나씩 물었다. 모두의 대답을 듣고 나서 그가 입을 열었다.

"보시는 것처럼, 사람들은 다양한 노동과 장사로 돈을 법니다. 각자 돈을 버는 방식이 돈이 흘러들어오는 물줄기입니다. 여러분은 그 물줄기의 일부가 주머니로 흘러들게 합니다.

능력에 따라 주머니에 고이는 돈의 양이 많기도, 적기도 하겠지요. 그렇지 않습니까?"

그들은 아카드의 말에 수긍했다.

"여러분 각자가 재산 모으기에 나서고 싶다면, 일단은 이미 가진 돈벌이 수단을 활용하는 게 현명하지 않겠습니까?"

이 제안에도 모두가 동의했다.

그러자 아카드는 달걀장수라고 밝힌 초라한 차림의 남자를 향해 물었다. "자네가 매일 아침 바구니에 달걀 열 개를 담고, 매일 저녁 아홉 개를 꺼낸다면 어떻게 될까?"

"시간이 지나면 바구니에 다 담지 못할 만큼 달걀이 쌓일 겁니다."

"왜 그렇게 되지?"

"넣는 양보다 꺼내는 게 하나씩 적으니까요."

아카드는 웃으며 동료들을 둘러보았다. "여기 주머니가 홀쭉한 분 계신가요?"

처음엔 그 말이 우스웠는지 사람들이 킥킥거렸다. 이내 웃음이 터져 나왔다. 마지막엔 장난스레 주머니를 털어 보이기까지 했다.

아카드가 말을 이었다.

"좋습니다. 이제 얄팍한 주머니를 두둑하게 만드는 첫 번째 비결을 공개하지요. 달걀장수에게 일러준 그대로 하시면 됩니다. 주머니에 동전 열 닢을 넣을 때마다, 아홉 닢 이상 꺼내 쓰지 마세요. 여러분 주머니가 곧 불룩해질 겁니다. 그 묵직한 주머니를 쥐면 기분이 좋아질 거예요. 마음까지 흡족해질 테니까요.

제 말이 너무 단순하다고 비웃진 마세요. 진리는 언제나 단순한 법입니다. 제가 어떻게 치부했는지 말씀드리겠다고 했죠. 저도 이렇게 출발했습니다. 주머니가 홀쭉하고 쓸 돈이 없어 한탄하던 때가 있었지요. 그런데 주머니에 넣은 돈의 10분의 9만 꺼내 쓰기 시작하자, 주머니가 점차 불룩해지더군요. 여러분도 마찬가지일 겁니다.

까닭은 모르겠으나, 번 돈의 10분의 1을 남기기 시작한 뒤로도 예전처럼 별 탈 없이 지냈습니다. 게다가 얼마 지나지 않아 돈이 전보다 더 쉽게 굴러 들어왔어요. 수입의 일부를 저축하는 자에게 재물이 끌리는 건 분명 신의 이치인 듯합니다. 하지만 주머니가 빈 사람은 돈이 피해 갑니다.

여러분이 가장 갈망하는 건 무엇인가요? 더 좋은 옷, 값진 보석, 맛난 음식처럼 당장의 욕구를 채워주는 것들인가요? 그런 건 곧 사라지고 잊히고 맙니다. 아니면 재산이 되어줄 것들, 현금, 토지, 가축, 수익을 내는 투자인가요? 주머니를 떠난 돈은 순식간에 사그라질 욕망을 만족시킬 뿐이지만, 주머니에 남은 돈은 재산이 됩니다.

여러분, 제 주머니를 불룩하게 만들어준 첫 번째 비결은 '열 닢을 벌 때마다 아홉 닢만 쓰라'는 겁니다. 이 교훈에 대해 서로 토론해보세요. 틀린 구석이 있다면, 내일 다시 만날 때 제게 일러주기 바랍니다."

두 번째 비결. 지출을 조절하라

◇◇◇

둘째 날, 아카드가 입을 열었다.

"어떤 분들은 '벌어서 생활하기도 빠듯한데 어떻게 수입의 10분의 1을 저축합니까?'라고 제게 물으셨죠. 어제 보니 여러분 주머니가 모두 홀쭉하던데요."

"우리 모두 그랬습니다." 청중이 화답했다.

"하지만 여러분이 버는 돈이 다 같진 않잖아요. 어떤 이는 다른 이들보다 훨씬 더 법니다. 부양해야 할 식구가 더 많은 분도 있겠죠. 그런데도 주머니는 모두 똑같이 홀쭉하네요. 이제 대대로 전해 내려온 진실을 알려드리죠. 바로 이겁니다. 우리가 '필수 지출'이라 부르는 돈은, 의식적으로 억제하지 않는 한 수입이 늘어날 때마다 덩달아 불어납니다.

필수품과 사치품을 혼동하지 마세요. 여러분과 가족 각자에게는 현재의 수입으론 다 채우지 못하는 욕망이 있기 마련입니다. 그것을 그대로 내버려두면 그 욕망을 채우느라 버는 돈을 몽땅 쓰고도 모자랄 겁니다.

누구나 끝없는 욕망에 시달립니다. 제가 재산이 많으니 욕망도 다 채울 수 있다고 생각할 수 있을 텐데, 오산입니다. 제시간도, 힘도, 여행할 수 있는 거리도, 먹을 수 있는 음식도, 즐길 수 있는 열정도 한계가 있습니다.

농부가 씨 뿌릴 들판마다 이미 잡초가 무성하듯, 인간의 욕망도 거침없이 자라납니다. 욕망은 너무 복잡해서 도저히 다 채울 수가 없습니다.

여러분의 일상을 꼼꼼히 살펴보세요. 비교적 쉽게 줄이거나 없앨 만한 규칙적인 지출이 금방 보일 겁니다. 푼돈이라도 반드시 필요한 데만 쓰는 습관을 들이세요.

그러니 사고 싶은 물건을 하나하나 점토판에 기록하세요. 그중 꼭 필요한 물건들 그리고 여러분 수입의 10분의 9 한도 안에서 살 수 있는 물건을 고르세요. 나머지는 채우지 않아도 후회하지 않을 수많은 욕망 중 일부라고 여기면서 지우세요.

그런 다음 꼭 필요한 지출을 예산으로 잡으세요. 주머니를 불려주는 그 10분의 1은 절대 건드리지 마세요. 소비 충동 대신 돈주머니를 살찌우겠다는 욕구를 채우세요. 예산대로 살려고 노력하고, 도움이 되도록 예산을 수정해 나가세요. 예산을 길잡이 삼아 주머니를 두둑하게 만드세요."

이때 붉은색과 금색이 어우러진 장포를 입은 이가 일어나 말했다. "전 자유인입니다. 우리에게는 인생의 즐거움을 누릴 권리가 있다고 봅니다. 그래서 어디에 얼마를 써야 한다는 예산의 노예가 되고 싶지 않아요. 그러다간 재미는 싹 사라지고 짐나르는 당나귀 신세가 될 테니까요."

아카드가 그에게 물었다. "자네 예산은 누가 짜나?"

"제가 직접 짜지요." 그가 대꾸했다.

아카드는 이에 대해 다음과 같이 설명했다.

"당나귀라면 사막을 가로지를 때 보석, 양탄자, 육중한 금괴를 짐에 싣겠나? 아니지. 생존에 필수적인 건초, 곡식, 물통을 준비할 것일세. 이처럼 예산을 짜는 것은 삶에 있어 필수 불가결한 일이라네. 예산이 있으면 주머니 불리기에 도움이 된다네. 예산 안에서 필수품을 사고, 형편이 허락하는 선에서 다른 욕구도 충족시킬 수 있지. 또한 예산 덕분에 충동구매를 자제하고 소중한 꿈을 실현할 돈을 모을 수 있고. 어두운 동굴에 새어 들어온 한 줄기 빛처럼 예산은 자네의 재정 상태를 환히 비출 걸세. 예산을 통해 지출을 통제하면 불필요한 데 돈을 쓰지 않고, 가장 확실하고 보람찬 목적에 돈을 쌓을 수 있지." 그러니 현명하게 예산을 세워 실천하는 것이 무엇보다 중요하네.

아카드는 고개를 돌려 학생들에게 예산 수립의 요령을 일러주었다. "이것이 얇은 주머니를 두둑하게 만드는 두 번째 비결입니다. 먼저 생활에 필수적인 지출을 예산에 편성하고, 그 다음으로 삶의 즐거움을 위해 꼭 필요한 지출을 반영하세요.

이렇게 하면 수입의 10분의 9 이하로 지출을 관리하면서도 충분히 만족스러운 삶을 살 수 있습니다."

세 번째 비결. 돈을 불려라

◇◇◇

셋째 날, 아카드가 청중에게 말했다.

"여러분의 얄팍하던 주머니가 부풀어 오르고 있군요. 여러분은 수입의 10분의 1을 꾸준히 저축하는 훈련을 했습니다. 늘어나는 재산을 지키려고 지출도 절제했죠. 이제 그 돈을 불려나갈 방도를 궁리해봅시다. 주머니에 돈을 쌓아두는 건 뿌듯하고 만족스러운 일이에요. 하지만 그 돈이 스스로 돈을 버는 건 아닙니다. 우리가 번 돈 일부를 모으는 것은 부자가 되는 데 시작일 뿐이에요. 돈이 돈을 벌어야 재산이 불어납니다.

그렇다면 우리가 차곡차곡 모은 돈을 어떻게 투자해야 할까요? 저의 첫 투자는 실패로 끝났습니다. 이 얘기는 나중에 하기로 하죠. 방패공 아가르에게 돈을 빌려주면서 처음 수익을 냈어요. 그는 방패 사업을 위해 매년 바다를 건너온 구리를 한가득 샀어요. 늘 구리 살 돈이 모자라 여유자금이 있는 이들에게 빌렸답니다. 믿음직한 사람이었어요. 빌린 돈으로 방패를 만들어 팔고 후한 이자를 얹어 갚곤 했으니까요.

제가 그에게 돈을 댈 때마다 그는 이자까지 붙여서 빌린 돈을 갚았죠. 제 돈도 불었지만 이자 수입도 꾸준히 늘어갔어요. 원금과 이자가 고스란히 제 주머니로 돌아오는 게 가장 기뻤습니다.

여러분, 사람의 부는 주머니에 얼마나 많은 돈을 넣어두느냐로 결정되지 않아요. 오히려 그가 버는 돈, 끊임없이 그의 주머니를 채우는 수입원이 있느냐로 결정되죠. 누구나 그런 수입원을 갖고 싶어 해요. 일하거나 여행을 가도 꾸준히 돈이 벌리면 좋겠다고들 생각하잖아요. 나는 수익성 높은 자산을 확보했어요. 그 수입이 너무 많아 사람들이 나를 큰 부자라고 부릅니다. 아가르에게 돈을 빌려주면서 수익성이 좋은 투자에 대해 처음 배웠어요. 이 경험에서 얻은 지혜로 자금이 불어나자 대출과 투자 규모를 점차 늘렸어요. 처음엔 수입원이 많지 않았지만, 갈수록 더 많은 곳에서 돈이 흘러들어와 황금빛 물줄기를 이루더군요. 어떻게 써야 할지 고민될 지경이었어요.

보잘것없는 수입으로 출발했지만, 이제 날 위해 일하는 황금 노예가 얼마나 많은지 보세요. 저마다 돈을 벌어오고, 그 돈이 다시 돈을 법니다. 그들과 그 자식들, 그리고 자손들이 대대로 저를 위해 뛰고 있어요. 그들이 힘을 모아 버는 수입이 어마어마하죠. 돈이 돈을 버는 위력은 실로 대단합니다. 이게 바로 복리의 마법이에요.

현명한 투자가 자금을 얼마나 빨리 불릴 수 있는지 사례를 들어볼게요. 어떤 농부가 첫아들을 얻자 대금업자에게 은화 열 닢을 맡기며 아들의 스무 살 생일 때까지 불려달라고 부탁했어요. 대금업자는 4년에 한 번씩 25퍼센트의 이자를 붙여주기로 합의했죠. 농부는 아들 앞으로 떼어둔 돈인 만큼 이자를 원금에 보태달라고 요청했어요.

아들이 스물이 되자 농부가 대금업자를 찾아가 맡겨놓은 은화에 대해 물었어요. 대금업자는 농부가 맡긴 돈이 복리로 늘어났기 때문에 원래 열 닢이었던 은화가 30.5닢으로 늘어났다고 대답했어요.

농부는 매우 기뻤어요. 하지만 당장 아들에겐 그 돈이 필요치 않아 대금업자에게 계속 맡겼죠. 아들의 50살 생일, 아버지는 세상을 떴고 아들은 대금업자에게서 은화 167닢을 건네받았습니다.

이자 덕에 투자금이 50년 만에 거의 17배로 불어난 거예요.

이것이 홀쭉한 주머니를 두둑하게 만드는 세 번째 비결입니다. 들판의 양 떼가 새끼를 낳듯 돈이 돈을 낳게 하세요. 여러분 주머니로 꾸준히 흘러드는 자금줄을 만들어 수입 증대에 힘써보세요."

네 번째 비결. 원금을 잃지 않고 지켜라

◇◇◇

넷째 날, 아카드가 또 강연을 시작했다.

"눈에 띄고 반짝이는 것에 현혹되면 불운에 빠지기 쉽습니다. 주머니 속에 있는 돈을 굳건히 지키지 않으면 잃어버립니다. 신이 큰 재물을 맡기시기 전, 작은 것부터 지키는 법을 배워야 해요.

돈을 가진 사람이라면 누구나 큰돈을 벌 수 있을 것 같은 투자 기회에 솔깃해집니다. 그런 투자에 열을 올리는 친구나

친척이 함께 투자하자며 열심히 꼬시기도 하죠

투자의 첫 번째 철칙은 원금을 잃지 않는 겁니다. 원금을 날릴 수도 있는데 수익률이 높다고 거기에 돈을 댈 수 있을까요? 아닙니다. 위험을 무릅쓰다 원금마저 잃을 수 있어요. 투자에 앞서 샅샅이 조사하세요. 안전하게 회수할 수 있다고 확신할 때만 투자하세요. 단숨에 부자 되겠다는 어리석은 욕심에 눈이 멀어 곁길로 새지 마세요.

누구에게 돈을 빌려주기 전엔 먼저 그의 상환 능력과 평판, 신용도를 확인하세요. 그러지 않으면 여러분이 고생해서 번 재산을 모르는 사이에 그에게 갖다바치는 꼴이 됩니다. 어떤 분야에 투자하든 뒤따를 위험부터 먼저 가늠해야 합니다.

나의 첫 투자는 당시엔 비극이었습니다. 1년 동안 열심히 모은 돈을 벽돌공 아즈무르에게 맡겼어요. 그는 배 타고 먼 곳에 가서 페니키아의 진귀한 보석을 사오겠다고 했죠. 돌아와 보석을 팔아 수익을 나누기로 했는데, 알고 보니 페니키아 사기꾼이 유리 조각을 보석이라며 팔았더군요. 결국 맡긴 돈을 다 잃고 말았어요. 지금 생각해보면 벽돌장이에게 보석을 사오라 맡긴 게 얼마나 어리석었는지 바로 알겠지요?

그러니 내 경험을 교훈 삼아 말씀드립니다. 자신의 판단력만 믿고 위험한 투자에 뛰어들지 마세요. 돈을 다루면서 수익을 낸 경험이 많은 투자 전문가와 의논하는 게 훨씬 낫습니다. 그들에게 조언을 구하는 건 어렵지 않아요. 그 조언은 여러분이 투자하려던 금액만큼의 값어치가 있다고 할 수 있어요. 듣지 않았다면 그 돈을 통째로 날릴 수도 있었으니까요.

이것이 얇은 주머니를 두둑하게 만드는 네 번째 비결입니다. 주머니를 채운 다음엔 지키는 게 무엇보다 중요하거든요. 원금이 안전하고, 원할 때 회수할 수 있으며 적정 수익을 올릴 만한 곳에만 투자해 손실을 피하고 재산을 지키세요. 현명한 이들과 의논하고 전문가의 조언을 구하세요. 그들의 지혜를 빌려 위험한 투자는 멀리하고 돈을 지키기 바랍니다."

다섯 번째 비결. 집을 장만하라

◇◇◇

아카드가 다섯째 날 강의를 시작했다.

"생활비로 수입의 10분의 9를 떼어놓고도, 그중 얼마를 추가로 투자해 수익을 올릴 수 있다면 행복을 해치지 않으면서 재산을 더 빨리 불릴 수 있습니다.

바빌론의 너무 많은 이들이 누추한 집에서 가족을 부양합니다. 비싼 집세에 시달리면서도 아내가 꽃을 가꿀 공간조차 없을 정도입니다. 아이들이 뛰놀 곳이라곤 더러운 골목밖에 없어요. 아이들의 놀이터, 아내의 심신을 밝혀줄 꽃밭, 가족의 식탁을 채워줄 채소밭 같은 땅이 없다면 그 어떤 가정도 삶을 충분히 누릴 수 없습니다.

자기 집 나무에서 딴 무화과, 직접 기른 포도를 맛보는 기쁨이란! 자기 집을 갖고 자긍심 있게 가꾸면 자신감이 솟아 다른 일에도 매진하게 됩니다. 그러니 누구라도 내 집 마련을 위해 분발하라 권하고 싶습니다. 이는 단순히 재산을 늘리는 것이 아니라, 삶의 근간을 다지는 일입니다.

부지런히 노력하면 가족이 편히 쉴 보금자리를 얻는 건 불가능한 꿈이 아닙니다. 우리의 위대한 왕께서 영토를 크게 넓혀 이젠 집 지을 땅이 많아졌어요. 그 땅을 꽤 괜찮은 가격에 살 수 있지 않을까요?

게다가 여러분, 대금업자들은 가족을 위해 터전을 마련하려는 이들에게 기꺼이 돈을 빌려줍니다. 여러분이 집 마련에 필요한 자금 중 상당 부분을 마련했음을 보여주면, 건축비도 어렵지 않게 빌릴 수 있습니다.

집을 짓고 난 후에 갚아 나갈 금액은 임대료와 크게 다르지 않아요. 매달 갚아 나가면 대출금은 줄고, 몇 년 지나면 모두 갚을 수 있어요.

그렇게 값진 자산을 온전히 소유하게 되면 기쁨이 넘쳐납니다. 이제 왕에게 세금만 바치면 되니까요. 여러분의 현숙한 아내는 강가에서 빨래하는 횟수가 더 잦아질 것이고, 돌아올 땐 물이 가득 담긴 염소가죽 자루를 들고 와 꽃과 채소에 부을 거예요.

보다시피 자기 집을 갖는 건 여러모로 큰 혜택이 됩니다. 월세를 절약하니 생활비가 크게 줄어요. 벌어들인 돈으로 더 많은 것을 누릴 수 있게 됩니다. 단순한 재정적 이득을 넘어, 가족의 안정과 행복, 그리고 더 나은 미래를 위한 투자입니다. 여러분의 집을 마련하세요. 이것이 주머니를 두둑하게 만드는 다섯 번째 비결입니다."

여섯 번째 비결. 노년이나 가장이 사망할 때를 대비하라

◇◇◇

아카드는 여섯째 날에도 가르침을 이어갔다.

"모든 이는 젊음에서 노년으로 나아갑니다. 이것이 인생의 자연스러운 흐름이에요. 신이 몹시 일찍 데려가지 않는 한 그 여정에서 벗어날 수 없습니다. 그러니 노년에도 적정한 수입을 얻도록, 가장이 먼저 세상을 떠날 때 남은 가족이 곤란에 처하지 않도록 대비해야 합니다. 이 교훈을 익히면 세월이 흘러 정신력이 쇠해져도 돈 걱정은 덜 수 있을 겁니다. 미래를 위한 준비는 단순히 돈을 모으는 것이 아니라, 삶의 질을 유지하기 위한 필수적인 과정입니다.

부자의 법칙을 깨우치고 점점 더 많은 재물을 모으는 사람이라면 앞날을 내다봐야 해요. 확실히 투자하고 준비해서 오랜 세월 안정되게 버틸 만한 계획을 세워야 하죠. 그래야 현명한 계획을 세우기 힘든 노년에도 근심이 없을 테니까요.

미래를 튼튼히 준비하는 방법은 다양합니다. 아무도 모르게 재물을 감춰둘 수도 있겠죠. 그러나 아무리 교묘히 숨겨도 도둑맞을 위험이 있습니다. 그래서 나는 이 방법을 추천하진 않습니다.

앞날을 위해 집이나 땅을 사둘 수도 있어요. 쓸모 있고 가치가 오를 만한 집이나 땅을 현명하게 고르면 세월이 흘러도 가치가 떨어지기는커녕 수입을 내거나 비싸게 팔 수 있을 거예요. 대금업자에게 약간의 돈을 맡겨 불려 나가게 할 수도 있죠. 원리금을 굴려 눈덩이처럼 늘릴 수 있어요. 복리의 마법이죠. 구두 장인 안산이란 친구가 있는데, 얼마 전 그가 8년간 매주 은화 두 닢씩 대금업자에게 맡겼다더군요. 며칠 전 대금업자가 그에게 불어난 금액을 알려줬는데, 엄청 기뻐하더라고요. 4년마다 25퍼센트의 이자가 붙어 어느새 1,040닢이 됐다네요.

전 그에게 계속 맡기라고 강력히 권했어요. 12년간 매주 두닢씩 꾸준히 맡기면 대금업자가 돌려줄 금액이 내 계산으로는 약 4,000닢쯤 된다고 했죠. 그 정도면 노후를 걱정하지 않아도 되니까요.

적은 돈이라도 꼬박꼬박 부으면 놀라운 결실을 거둘 수 있듯, 수입 규모와 무관하게 누구라도 노년과 가장의 사후를 대비해 남겨질 가족을 보호할 수 있어요.

이 주제에 대해 더 말씀드리죠. 언젠가 슬기로운 이들이 가장의 죽음에 대비하는 보험을 만들 거라 믿어요. 여럿이 정기적으로 조금씩 돈을 내서 적잖은 돈을 모은 뒤, 가장을 잃은 유족에게 전해주는 거죠. 참 바람직하고 적극 추천할 만한 방식이에요. 하지만 창시자나 운영자가 세상을 떠나도 지속되려면 왕위처럼 안정적인 체계가 필요한데, 아직 그런 제도는 없어요. 멀지 않은 장래에 그런 보험이 생겨 많은 사람에게 혜택을 줄 거예요. 여러 사람이 미리 조금씩 모으면 가장을 잃은 가정이 상당히 큰돈을 받아서 생활할 수 있으니까요.

그러나 아직은 그런 제도가 없으니, 당장 활용할 수 있는 수단과 방법으로 앞날을 도모해야 합니다. 노년에 주머니가 바닥나지 않도록 슬기롭게 방도를 강구하세요. 나이 들어 벌이가 끊기거나 가장을 잃었을 때 주머니가 텅 비어 있다면 정말 비참할 겁니다.

그러니 이것이 주머니를 홀쭉하게 하지 않을 여섯 번째 비결이에요. '늙어서 돈벌이가 어려울 때, 그리고 가족이 가장 없이 살아갈 때를 미리 준비하자'입니다."

일곱 번째 비결. 돈 버는 능력을 키우라

◇◇◇

아카드는 일곱째 날, 이런 가르침을 전했다.

"오늘은 주머니를 두둑하게 할 가장 중요한 방법 중 하나를 일러주겠습니다. 돈 얘기가 아닙니다. 제 앞에 앉은 여러분 자신의 이야기예요. 어떤 자세와 삶의 방식으로 살아야 성공하는지 말씀드리려 합니다.

얼마 전 한 청년이 돈을 빌리러 왔어요. 왜 필요한지 물었더니, 버는 돈으로는 지출을 감당할 수 없다며 하소연하더군요. 전 그런 사람이 대금업자에겐 반갑지 않은 손님이라고 일러줬습니다. 수입으로 빚을 갚을 여력이 없으니까요.

전 그에게 물었습니다. '젊은이, 자네는 수입을 늘려야 해. 이를 위해 어떤 노력을 기울이나?' 그가 대답하길, '한 달에 여섯 번씩 주인을 찾아가 월급 인상을 요구했지만 번번이 퇴짜 맞았습니다. 그렇게 졸라댄 사람은 없을 겁니다.'

우스갯소리 같지만, 그에겐 수입 증대에 필수적인 조건 하나가 갖춰져 있었습니다. 돈을 더 벌겠다는 불타는 열망 말이에요. 정당하고 고귀한 열망입니다.

무언가를 이루려면 먼저 욕망이 있어야 합니다. 강렬하고 선명한 갈망 말입니다. 막연한 희망만으로는 부족합니다. 막연히 부자가 되겠다는 바람만으로는 충분한 동기부여가 되지 않습니다. 금 다섯 닢을 손에 넣겠다는 구체적 목표를 세워야 그것을 이루기 위해 분발할 수 있어요. 확고한 의지로 금 다섯 닢을 모으는 법을 깨우치고 나면, 열 닢, 천 닢을 모으는 비슷한 방도를 찾게 될 겁니다. 그렇게 부자가 되는 거예요. 작지만 뚜렷한 목표 하나를 이루는 요령을 터득하면, 더 큰 열망도 성취할 수 있도록 단련되는 겁니다. 재산을 불리는 과정이 이러해요. 배우고 역량을 키워가며 처음엔 조금씩, 나중엔 크게 불려 나가는 거죠.

단순하되 명확한 목표를 세우세요. 지나치게 많고 복잡하거나, 아무리 애써도 이루기 힘든 욕구는 좌절을 부를 뿐이에요.

무엇보다 자기 일에서 최고가 되세요. 그러면 돈도 많이 법니다. 제가 하루 몇 닢 받고 점토판에 글 새기는 변변찮은 필경사였을 때, 문득 깨달았어요. 다른 서기들은 저보다 글을 잘 써서 돈을 더 받더군요. 그래서 최고의 필경사가 되기로 마음먹었죠. 그들이 어떻게 일을 더 잘해서 돈을 더 버는지 알아내는 데는 그리 오래 걸리진 않았어요. 일에 더 정성을 쏟고, 더 집중하고, 한결같이 매달렸습니다. 그 결과 누구보다 많은 점토판에 글을 새기는 필경사가 되었어요. 저보다 능숙한 필경사가 없었죠. 실력이 늘면서 당연히 월급도 빠르게 올랐어요. 내 능력을 인정해달라고 여섯 번이나 주인을 찾아갈 필요도 없었죠.

우리는 지혜를 쌓을수록 더 많이 벌게 될 겁니다. 기량을 연마하려 힘쓰는 사람은 충분한 보상을 받을 거예요. 장인이라면 그 분야 최고 장인이 어떤 기술과 연장을 쓰는지 배우려 할 테지요. 법관이나 의사라면 동료들과 대화를 나누며 지식을 교환하겠죠. 상인이라면 더 질 좋은 물건을 더 싸게 구할 방도를 끊임없이 모색할 거예요.

인간의 노동은 끊임없이 변화하고 진화합니다. 혜안이 있는 사람이라면 고객에게 더 나은 상품과 서비스를 제공할 수 있는 혁신적인 기술을 찾으려 노력할 것입니다. 따라서 우리 모두는 앞장서서 발전해야 합니다. 제자리에 멈춰 있으면 뒤처질 수밖에 없습니다. 생계를 꾸리는 것뿐만 아니라 인생을 풍요롭게 할 수 있는 일들이 많습니다. 자신을 아끼는 사람이라면 반드시 해야 할 일들이 있죠.

예를 들어, 형편에 맞지 않는 사치는 피하고 능력껏 최대한 빨리 빚을 청산해야 합니다.

가족이 자랑스러워할 만큼 가족을 잘 보살피세요.

유언을 남겨두세요. 신의 부름을 받았을 때 재산을 공정하게 분배할 수 있도록요.

다치거나 불행을 당한 사람들에 대해 연민을 가져야 합니다. 그리고 그들을 적당한 범위 안에서 도와야 합니다. 또한 소중한 사람들에게 사려 깊게 행동해야 합니다.

그러므로 주머니를 불릴 일곱 번째이자 마지막 비결은 이것입니다. 자신의 재능을 개발하고, 배움을 통해 더 지혜로워지고, 솜씨를 갈고닦고, 칭송받을 행동을 하세요. 그러면 진지하게 원하는 바를 성취할 자신감이 생길 겁니다.

내가 오랫동안 성공적으로 살아오며 터득한 경험을 바탕으로, 부자가 되고 싶은 모든 이에게 강력히 권하는 돈주머니를 불릴 일곱 가지 비결이 바로 이것들입니다.

바빌론에는 여러분의 상상 이상으로 엄청난 부가 있습니다. 모두가 누리고도 남을 만큼 풍성합니다. 부자가 되게 하는 이 비결들을 실천하세요. 그것이 여러분의 정당한 권리니까요.

폐하께서 아끼시는 신민 모두, 우리가 사랑하는 이 도시의 풍요를 만끽하실 수 있도록 어서 가서 이 비결들을 전파해주십시오."

행운의 여신

"누군가가 행운아라면 얼마나 운이 좋을지 아무도 모른다. 그를 유프라테스강에 밀어 넣어도 아마 손에 진주를 쥐고 헤엄쳐 나올 것이다."

– 바빌론 속담

누구나 행운아가 되길 갈망한다. 4천 년 전 고대 바빌론 사람들도 오늘날의 우리처럼 그런 열망에 불타올랐다. 우리 모두는 변덕스러운 행운의 여신에게 사랑받고 싶어 한다. 그렇게 행운을 끌어당길 묘책이 있을까? 그녀의 애정 어린 관심을 받을 뿐 아니라 후한 호의까지 이끌어낼 묘안이 있을까? 행운이 찾아오게 할 비결이 있을까?

고대 바빌론 사람들이 간파하고자 했던 것도 이것이었다. 그들은 그 비결을 꼭 찾아내겠다고 결심했다. 바빌론 사람들은 통찰력이 날카롭고 사고방식이 예리했다. 그랬기에 바빌론이 당대 최고로 부유하고 강성한 도시가 될 수 있었다.

그 먼 옛날, 바빌론에는 학교나 대학이 없었다. 그러나 배움터는 있었고 무척 실용적이었다. 바빌론의 우뚝 솟은 건축물 가운데 왕궁, 공중정원, 사원만큼이나 중요한 곳이 있었다. 역사서에는 자주 언급되지 않지만, 당시 사상에 지대한 영향을 미친 건물이었다.

바로 '배움의 전당'이었다. 자원봉사 교사들이 선조들의 지혜를 자세히 풀이하고, 뜨거운 주제로 열띤 토론을 벌이는 광장이었다. 전당 안에서는 모두가 평등했다. 가장 미천한 노예도 왕자와 거리낌 없이 논쟁할 수 있었다.

전당엔 많은 이들의 발길이 이어졌는데, 그중엔 바빌론 최고 갑부로 알려진 현자 아카드도 있었다. 그를 위한 특별 강연장이 마련돼 있었고, 거의 매일 밤 많은 사람이 몰려들었다.

노인과 청년도 있었지만 대개 중년 남성들이 모여 흥미로운 주제로 논쟁했다. 그들이 행운의 비법을 찾기 위해 귀 기울이는 광경을 상상해보자.

태양이 사막의 먼지를 뚫고 거대한 붉은 공처럼 빛을 발하며 지평선 너머로 사라질 무렵, 아카드가 익숙한 연단으로 걸어 나왔다. 이미 80여 명이 자리에 앉아 그를 기다리고 있었다. 그리고 계속해서 사람들이 모여들었다.

"오늘 밤에는 어떤 이야기를 할까요?" 아카드가 물었다.

키 큰 직공이 잠시 머뭇거리다 관례에 따라 일어나 입을 열었다. "토의하고 싶지만, 아카드 선생님과 여러분께 우스워 보일까 봐 선뜻 꺼내지 못하겠습니다."

아카드와 청중이 말해보라고 재촉하자 그가 이어 갔다. "오늘 저는 운이 좋았습니다. 금화가 가득한 돈주머니를 주웠거든요. 이런 행운이 계속되길 간절히 바라는데, 누구나 그럴 것 같다는 생각이 들어 '행운을 끌어당기는 법'을 토론해보면 어떨까 싶습니다. 어쩌면 행운의 비결을 발견할 수 있지 않을까요?"

"흥미로운 화제로군요. 토론할 만한 주제이기도 하고요." 아카드가 화답했다. "어떤 이들은 행운이 이유도 없이 우연히 다가오는 기회일 뿐이라 하고, 또 어떤 이들은 가장 관대한 여신 이슈타르가 자신을 기쁘게 하는 자에게 언제나 후한 선물로 보답하려 한다고 믿죠. 과연 개인과 우리 모두에게 행운이 깃들게 할 묘안이 있을까요? 여러분의 의견을 말해보세요."

늘어나는 청중이 귀를 쫑긋 세우며 "찬성합니다! 그렇습니다!" 하고 화답했다.

그러자 아카드가 이내 말을 이었다. "토의를 위해, 직공처럼 자신의 수고 없이 값진 보물이나 보석을 발견하거나 얻은 행운을 누린 적 있는 분이 여기 얼마나 계신지, 그분들의 이야기부터 먼저 들어봅시다."

잠시 침묵이 흘렀다. 모두가 누군가의 대답을 기다리며 주위를 둘러보았지만, 아무도 나서지 않았다.

"아니, 아무도 없다니요? 그렇다면 그런 행운은 정말 희귀한 모양이군요. 이제 행운의 비결을 어디서 계속 찾아볼지 제안하실 분?" 아카드가 물었다.

화려한 의복을 입은 청년이 일어나 말했다. "제가 제안하겠습니다. '행운' 하면 떠오르는 게 도박장 아닌가요? 거기엔 행운의 여신의 총애를 받아 도박에서 이기고 난 후 돈을 긁어 모으려는 사람들로 넘치잖아요?"

그가 다시 앉으려 하자 누군가 외쳤다. "잠깐! 말씀을 더 해주시죠! 당신이 도박장에서 여신의 환심을 샀는지 우리에게 말해주시겠어요? 주사위를 굴려 붉은 면이 나와 돈을 땄나요, 아니면 푸른 면이 나와 힘들게 번 은화를 잃었나요?"

청년이 다시 일어나 온화하게 웃으며 대답했다. "여신은 제가 거기 있다는 걸 아예 모르셨던 것 같네요. 그런데 다른 분들은 어떠셨어요? 행운의 여신이 당신들에게 주사위를 굴려 돈 따게 해준 적 있으신가요? 듣고 배우고 싶습니다."

그때 아카드가 말을 가로챘다. "아주 잘 시작했어요. 우리는 각 질문을 여러 각도로 생각해보기 위해 이 자리에 모였습니다. 행운을 논하면서 도박장을 빼놓을 순 없어요. 많은 이들이 작은 돈으로 큰돈을 벌 기회를 갈망하니까요."

열심히 듣던 또 다른 이가 소리쳤다.

"말씀을 듣고 보니 어제 목격한 전차 경주가 떠오르는군요! 행운의 여신이 도박장에 자주 모습을 드러내신다면, 금빛 전차에 거품 물고 내달리는 경주마들의 흥미진진한 경주를 절대 그냥 지나치진 않으실 거예요. 아카드 선생, 솔직히 말씀해 주세요. 어제 여신이 니네베 출신의 회색 경주마에게 걸으라고 귓속말하던가요? 제가 바로 선생 뒤에 있었는데, 회색말에 거신다는 소리에 귀를 의심했습니다. 공정한 경합이라면 우리의 사랑스러운 밤색 명마를 당해낼 팀은 아시리아 전역에 없다는 걸 우리 모두가 아는데 말이죠. 마지막 바퀴에서 맨 안쪽의 검은 말이 비틀거리며 우리 밤색 말들을 방해해 회색 말이 요행히 이기게 될 거라고 여신이 선생 귀에 대고 일러주던가요?"

아카드는 농담에 호탕하게 웃었다. "어떤 이가 경마에 건내기 따위에 지고한 여신께서 그리 신경 쓰실 것 같나요? 제 생각엔 이슈타르는 사랑과 고귀함의 여신이에요. 고통받는 이들을 돕고, 가치 있는 자들에게 상을 내리는 걸 좋아하시죠. 사람들이 돈을 따기보다는 잃고 마는 도박장이나 경마장이 아니라, 사람들이 가치 있고 보상받을 만한 행동을 하는 곳에서 그 여신을 찾아야 해요.

땅을 일구고, 정직하게 장사하고, 각자의 생업에 매진하다 보면 돈 벌 기회가 생깁니다. 때론 판단을 잘못해 손해를 보기도 하고, 비바람이 몰아쳐서 노력한 만큼 대가를 못 받을 때도 있죠. 그러나 대개 꾸준히 노력하면 보상이 뒤따른다고 기대할 수 있습니다. 돈 벌 기회는 어디에나 있으니까요.

그러나 도박에선 정반대입니다. 늘 도박장 주인만 돈을 벌 확률이 높고, 도박꾼은 잃기 십상이죠. 도박꾼이 건 돈은 십중팔구 주인에게 돌아가게 짜여 있거든요. 판을 짜서 자기가 엄청난 이득을 챙기는 게 도박장 주인의 일이니까요. 자신이 딸 가능성은 얼마나 불확실한지에 비해 주인이 돈 벌 가능성은 얼마나 확실한지 깨닫는 사람은 거의 없어요.

가령 주사위를 던질 때마다 어느 면이 나올지 내기한다고 칩시다. 빨간 면이 나오면 내기 주관자가 건 돈의 4배를 주되, 나머지 다섯 면이 나오면 돈을 잃는다고 해요. 확률상 매번 돈을 잃을 가능성이 6분의 5이고, 빨간 면이 나와야만 4배를 딸 수 있죠. 잃을 확률이 훨씬 높으니 내기를 거듭할수록 돈을 잃게 되고, 주관자가 돈을 가져갑니다. 그렇게 잃을 확률이 높은 내기에서 돈을 딸 거라고 기대하는 게 합리적일까요?"

청중 한 명이 물었다. "그래도 가끔 도박으로 큰돈을 따는 사람이 있잖아요?"

아카드가 이어 말했다. "맞아요. 그런 사람도 있죠. 하지만 그렇게 번 돈을 계속 지킬 수 있을지 의문입니다. 전 바빌론에서 성공한 수많은 이를 알지만, 그렇게 번 돈으로 성공한 사람은 단 한 명도 못 봤어요. 여러분은 바빌론의 갑부들을 잘 아시죠? 그중에 도박으로 재산을 일군 사람이 몇이나 될까요? 궁금하니 여러분이 아는 분들을 예로 들어 주시겠어요?"

한참 침묵이 돌았고 누군가 농담을 던졌다. "도박장 주인까지 포함해서요?"

아카드가 이어받았다. "주인 말고는 떠오르는 사람이 없다면 그렇게 하죠."

"여러분 중 그런 인물을 생각해 낼 사람이 없다면, 여러분 자신은 어떤가요? 내기에서 계속 돈을 땄으면서도 비결을 숨기려는 분 계신가요?"

아카드의 농담에 뒤쪽에서 수군거림과 웃음이 터져 나왔다. 그가 말을 이었다.

"이슈타르 여신이 빈번히 모습 드러내는 곳에서 우리가 행운을 찾고 있진 않은 것 같네요. 그럼 다른 데를 생각해봅시다. 우리는 남이 잃어버린 돈주머니를 주워서 행운을 얻은 적이 없어요. 도박장을 들락거려 행운을 얻은 적도 없죠. 경마 얘기가 나와서 말인데, 저 역시 딴 돈보다 잃은 돈이 훨씬 많다는 걸 고백해야겠군요.

그렇다면 이제, 우리의 일과 사업에 대해 생각해봅시다! 일이나 장사로 벌면 그건 행운이 아니라 우리 노력의 정당한 대가라고, 당연하게 여기지 않나요? 그래서 여신이 내린 선물을 가볍게 여길 수도 있다고 봅니다. 여신이 우리를 무척 도와주는데도, 우리는 그분의 은총을 느끼지 못하는 거지요. 이에 대해 토론할 거리를 제안해주실 분 계신가요?"

그러자 나이 지긋한 상인이 흰옷을 가다듬으며 일어섰다.

"존경하는 아카드 선생님과 친구 여러분, 허락하신다면 제안 하나 드리겠습니다. 선생님 말씀대로 우리는 사업에 성공하면 자신의 근면과 재능 덕분이라고 여깁니다. 그렇다면 열심히 일하고 능력 있는 사람은 모두 성공할까요? 성공하거나 돈을 많이 벌 뻔했지만, 기회를 놓친 일들은 왜 생각하지 않나요? 진짜로 성공하고 돈을 크게 번 건 드물게 찾아온 행운 덕분일 겁니다. 우리 힘만으로 이뤄진 게 아니니, 그 성공을 우리가 받아 마땅한 보상으로 생각하긴 어려울 듯합니다. 여기 계신 많은 분이 그런 경험 있으실 거예요."

아카드가 인정했다. "훌륭한 제안이군요. 여러분 중에 행운을 아슬아슬하게 놓친 적 있으신 분 계신가요?"

많은 사람이 손을 들었고, 그들 중 그 상인도 있었다. 아카드는 그에게 말하라고 손짓했다. "제안하신 분이니 가장 먼저 당신 이야기를 듣고 싶습니다."

"한 사람에게 행운이 얼마나 바싹 다가올 수 있고, 그 행운이 빠져나가는 걸 눈치채지 못할 만큼 눈이 어두워 엄청난 손해를 본 뒤에야 뒤늦게 깨닫고 후회하게 되는지를 잘 보여주는 이야기를 들려드리겠습니다.

여러 해 전, 제가 젊고 결혼한 지 얼마 안 됐을 때의 일입니다. 돈벌이도 제법 되기 시작하던 무렵이었죠. 어느 날 아버지가 찾아와 투자를 권하셨어요. 아버지 친구의 아들이 바빌론 성벽 근처의 넓고 척박한 땅에 주목했다고 하더군요. 수로보다 높아 물을 끌어올릴 수 없는 곳이었죠.

그 청년은 땅을 사들인 뒤 황소가 돌릴 만한 큰 물레방아 세 대를 세울 계획이었어요. 그러면 물을 끌어올려 비옥한 토지로 일궈낼 수 있으니까요. 그리고 그 땅을 조각내 채소밭이 필요한 도시민에게 팔 계획이었죠.

하지만 그에겐 계획을 실행할 자금이 부족했어요. 저처럼 그저 벌이가 괜찮은 젊은이일 뿐이었거든요. 그의 아버지 역시 제 아버지처럼 식구는 많고 여유 자금은 없었죠. 그래서 그는 동업자들을 모아야겠다고 마음먹었어요. 각자 생업으로 돈을 벌면서 그 땅을 팔 수 있을 만큼 개발될 때까지 수입의 10분의 1을 투자할 열두 명을 모집하기로 한 거죠. 수익은 투자 비율에 따라 공정히 분배할 생각이었어요.

아버지가 제게 말씀하셨죠. '애야, 너는 아직 젊잖니. 사람들에게 존경받을 수 있도록 재산을 모으기 시작하면 참 좋겠구나. 아비가 저지른 어리석은 실수를 교훈 삼아 잘 해보렴.'

전 대답했습니다. '아버지, 그게 제 간절한 소망이에요.'

'그럼 이렇게 충고하마. 내가 네 나이였다면 이렇게 했을 거다. 수입의 10분의 1을 따로 빼서 유망한 데 투자하는 거야. 그 10분의 1과 투자 수익이 쌓이면 내 나이가 되기 전에 제법 재산이 모일 거야.'

'현명하신 말씀이에요, 아버지. 전 정말 부자가 되고 싶어요. 그렇지만 쓸 데가 너무 많아서 선뜻 따르기 힘들어요. 전

아직 젊잖아요. 시간이 많이 남았어요.'

'나도 네 나이 때는 그렇게 생각했다. 근데 보라구. 햇수가 여러 해 흘렀는데도 아직 시작도 못 했잖니.'

'아버지 세대와 제 세대는 달라요. 나는 아버지의 실수를 되풀이하지 않을 거예요.'

'아들아, 기회가 눈앞에 있잖니. 부자 될 기회란 말이다. 망설이지 말고 덤벼라. 내일 당장 내 친구 아들을 만나 수입의 10분의 1을 투자하겠다고 합의해라. 내일 바로 가. 기회는 기다려주지 않는단다. 눈앞에 있다가도 순식간에 사라지니까. 주저하지 마라!'

아버지가 그리 권하셨지만, 저는 우물쭈물했어요. 마침 상인들이 동양에서 아름다운 신상 의복을 들여왔거든요. 너무 사치스럽고 고운 옷이라 사랑하는 아내와 저는 한 벌씩 사야겠다 생각했죠. 수입의 10분의 1을 그 사업에 투자하면 그 옷은 물론 간절히 원했던 다른 즐거움도 누릴 수 없으니까요. 저는 결정을 미루다가 기회를 놓쳤고, 나중에 크게 후회했습니다. 그 사업은 예상보다 훨씬 더 큰 수익을 냈거든요. 이것이 제가 행운을 놓친 이야기입니다."

그 상인이 말을 마치자 사막에서 온 검은 피부의 남자가 지적했다.

"기회를 잡는 자에게만 행운이 깃든다는 것을 이 이야기에서 배울 수 있군요. 언제든 재산을 축적하기 시작할 때가 있습니다. 수입 중 일부를 떼어 첫 투자를 하는 것이 재산 축적의 시작점이 될 수 있죠. 저는 수많은 가축을 기르는 농장 주인입니다. 소년 시절, 은화 한 냥으로 송아지 한 마리를 사면서 농장을 시작했어요. 그 송아지로 재산을 불리기 시작했기에 제겐 무척 소중했죠.

재산 모으기 위해 첫발을 내딛는 건 누구에게나 주어지는 행운과 같다고 생각합니다. 땀 흘려 벌기만 하는 사람에서 투자 수익을 누리는 사람으로 탈바꿈하는 첫걸음은 누구에게나 중요합니다. 어떤 사람들은 운이 좋게도 젊을 때 첫발을 내디뎌서 늦게 시작하거나 영영 그러지 못하는 불운한 이들보다 먼저 부자가 되죠. 우리 친구 상인이 젊을 때 그 기회를 놓치지 않고 첫발을 뗐더라면, 오늘날 세상의 좋은 것들을 훨씬 더 누리며 살 수 있었을 겁니다. 우리 벗 직공이 이 시기에 그런 단계를 밟는 행운을 거머쥔다면 정말로 훨씬 더 큰 행운이 시작

될 거예요."

그때 한 이방인이 일어나 말했다.

"감사합니다! 저도 한마디 하고 싶습니다. 전 시리아 사람입니다. 그래서 여러분 언어에 서툴러요. 이 친구, 그 상인을 혼내고 싶은데 딱 맞는 단어가 떠오르지 않네요. 제가 시리아말로 욕하면 못 알아듣겠죠. 여러분이 좀 가르쳐주시겠어요? 자신에게 이로운 일인데도 질질 미루는 사람을 뭐라 부르나요?"

누군가 "굼벵이!"라고 외쳤다.

시리아인이 흥분해 손을 휘저으며 "바로 그 사람이에요!"라고 소리쳤다.

"그 친구는 기회가 오면 안 받아요. 망설이죠. 할 일이 많다는 핑계를 대요. 하지만 기회는 머뭇거리는 자를 기다리지 않아요. 작별 인사하고 떠나버리죠. 행운의 기회를 움켜쥐려면 누구라도 신속히 행동해야 한다고 생각해요. 기회가 왔을 때 재빨리 움직이지 않는다면 이 상인처럼 진짜 굼벵이예요."

청중이 웃음을 터뜨리자 상인이 일어나 우아하게 인사했다. "먼 곳에서 오신 손님이 거리낌 없이 직언해주시니 경의를 표합니다."

아카드가 물었다. "자, 이제 기회에 관한 다른 이야기를 들어봅시다. 다른 경험담 있으신 분?"

붉은 옷의 중년 남성이 "제가 말씀드리죠"라고 대답했다.

"전 주로 낙타, 말 같은 가축을 사고팝니다. 가끔 양과 염소도 거래하죠. 오늘 밤, 꿈에도 몰랐던 기회가 어떻게 찾아왔는지 솔직히 고백하려 해요. 너무 뜻밖이라 그 기회를 그냥 놓친 것 같아요. 여러분이 판단해주시기 바랍니다.

어느 날 저녁, 열흘 동안 낙타를 사려고 돌아다니다가 빈손으로 바빌론에 돌아오는 길이었어요. 성문이 이미 닫혀 잠겨 있어 화가 났죠. 노예들이 그날 밤 묵을 천막을 쳤는데, 보니 먹을 건 별로 없고 물은 다 떨어졌더군요. 그때 한 노인 농부가 다가왔어요. 그도 우리처럼 늦게 도착해 성 안에 들어가지 못한 처지였죠.

그가 절 보더니 '고귀하신 분, 모습을 보니 가축을 사고파는 분이실 것 같습니다. 제 짐작이 맞다면 방금 몰고 온 최상급 양 떼를 선생님께 꼭 팔고 싶어요. 슬프게도 사랑하는 아내가 심한 열병으로 누워 있어서요. 급히 돌아가봐야 해요. 제 양들을 사주시면 노예들과 낙타 타고 곧장 떠날 수 있을 거예요'라고 제안하더군요.

너무 어두워 양 떼를 자세히 볼 순 없었지만 울음소리로 미루어보아 건장한 놈들이었어요. 열흘 동안 낙타를 찾아다니다 실패하고 허탕을 친 다음이라 그와 흥정할 수 있어 기뻤습니다. 그는 아내에 대한 걱정 때문에 아주 괜찮은 가격을 제시했습니다. 아침에 노예들을 시켜 그 양 떼를 성문 안으로 몰고 들어가서 팔면 상당한 이익을 거둘 수 있다는 사실을 알았기 때문에 그 제안을 받아들였죠.

계약을 마무리하며 노예들더러 횃불을 가져와 양 숫자를 확인하라 했어요. 농부는 900마리라 했지만 재차 세보고 싶었거든요. 목마른 양들이 안절부절 서성이는데, 그 많은 양을 정확히 세려면 얼마나 골치 아플지 설명 안 해도 아시겠죠. 결국 불가능하단 걸 깨달았어요. 그래서 날이 밝으면 양들을 세어본 후 그때 돈을 주겠다고 농부에게 단도직입적으로 일렀죠.

그가 사정했어요. '부디 오늘 밤 그 값의 3분의 2라도 주셔서 제가 귀가할 수 있게 해주십시오. 아침에 양 세는 걸 거들 수 있도록 가장 영리하고 유식한 노예를 남겨두고 가겠습니다. 신뢰할 만한 녀석이니 그에게 잔금을 주시면 됩니다.'

하지만 전 고집을 부려 그날 밤에는 돈을 주지 않겠다고 버텼습니다. 이튿날 아침, 제가 잠에서 깨기도 전에 성문이 열렸어요. 바로 그때 가축 상인 넷이 양 떼를 찾아 쏜살같이 달려 나왔죠. 바빌론은 포위될 거라는 위협을 받고 있었고, 먹을거리도 부족했기 때문에 그들은 기꺼이 몇 배의 값을 치르고서라도 양을 사려고 혈안이 돼 있었거든요. 노인은 제게 불렀던 가격의 거의 3배를 받고 양을 팔아치웠어요. 그렇게 저는 귀한 행운을 놓쳐버렸습니다."

아카드가 논평하며 물었다. "흥미로운 이야기로군요. 여기서 어떤 교훈을 얻을 수 있을까요?"

덕망 높은 안장장이가 답했다. "좋은 거래라고 확신하면 즉시 돈을 지불하라는 교훈입니다. 조건이 좋은 거래에선 타인의 말뿐 아니라 흔들리는 자신의 마음도 이겨내야 해요. 우리 인간은 변덕스러워요. 유감스럽게도 그른 판단보다 옳은 판단 뒤에 마음을 바꾸기 쉽죠. 사실 나쁜 판단은 고집스레 바꾸지 않습니다. 반면 현명한 판단을 내리고도 마음이 흔들려 기회를 날리곤 하죠. 첫 판단이 으레 최선입니다. 하지만 저는 좋은 조건을 잡고도 끝까지 밀어붙이기가 어려웠어요. 그래서 마음이 약해지지 않도록 당장 대금을 치릅니다. 그래야 행운을 놓쳤다 후회하지 않으니까요."

그때 시리아 사람이 다시 일어섰다.

"감사합니다! 다시 한마디 하고 싶습니다. 이런 이야기들은 정말 비슷해요. 매번 똑같은 이유로 기회가 날아가버립니다. 기회는 매번 멋진 계획을 갖추고 굼벵이들을 찾아와요. 굼벵이들은 매번 바로 지금이 가장 좋은 때는 아니라면서 꾸물대지만, 나는 재빨리 기회를 잡죠. 그런 식으로 행동하면서 도대체 어떻게 성공할 수 있겠어요?"

그 가축 상인은 "현명하신 말씀입니다, 벗이여"라고 답한 뒤 이야기를 이어갔다.

"이 두 이야기는 모두 우물쭈물하다 행운을 놓치는 상황을 보여줍니다. 흔한 일이란 걸 알 수 있지요. 우리 모두에게는 망설이는 습관이 있어요. 부자 되길 간절히 바라면서도, 기회가 눈앞에 왔는데도 이런저런 핑계로 질질 끌다 놓칩니다. 귀 기울여야 할 때 그러지 못하는 우리 자신이 최대의 적인 셈입니다.

젊었을 땐 시리아 벗의 말뜻을 몰랐어요. 처음엔 제 판단력 부족 탓에 돈 될 거래를 놓쳤다고 여겼죠. 다음엔 고집 때문이라 생각했어요. 하지만 결국 깨달았습니다. 신속히, 과감히 행동해야 할 때 쓸데없이 꾸물대는 습관 때문이란 걸요. 그 버릇이 성공을 가로막는다는 걸 확실히 알고 나니 얼마나 싫었겠습니까? 야생 당나귀가 멍에를 벗으려 발버둥 치듯, 나의 성공을 가로막는 걸림돌을 치우려 온 힘을 다했죠."

그때 시리아인이 물었다. "감사합니다! 상인께 묻고 싶은 게 있습니다. 혹시 지체하는 습관이 고개 들 때 어찌 대처하시나요? 지금은 성공한 사람처럼, 멋진 옷을 입고 말씀하시잖아요."

상인이 대답했다. "저 역시 가축 상인처럼 머뭇거리는 습성을 간파하고 극복해야만 했어요. 그것이 항시 나를 엿보며 성공을 방해하려는 적이란 것을 깨달은 거죠. 방금 말씀드린 경험 말고도 우물쭈물해서 기회를 날린 일이 많아요. 도둑이 자기 곡식 자루를 훔쳐 가는 걸 알면서 그대로 두는 사람은 없잖아요? 경쟁자가 자기 고객을 빼앗아 이윤을 가로채는 사실을 알고도 가만 있을 리 없죠. 망설임이 저를 가로막는 적이란 걸 깨닫고 단호히 떨쳐 버렸습니다. 그러니 누구든 바빌론의 부를 바라기 전에 우선 머뭇거리는 버릇부터 이겨내야 해요."

이어 그가 물었다. "아카드 선생님은 어떻게 보시나요? 많은 이가 선생님을 바빌론 최고 갑부요 행운아라고 알고 있습니다. 꾸물대는 습관에서 완전히 벗어나기 전에는 누구도 성공의 열매를 맛볼 수 없다는 제 말에 공감하시는지요?"

아카드가 화답했다. "전적으로 동의합니다. 오랜 세월 동안 대를 이어 사업과 학문, 배움의 길을 걸으며 정상을 향해 나아가는 이들을 지켜봤죠. 이 모든 사람에게 기회는 찾아옵니다. 어떤 이는 기회를 움켜쥐고 간절한 소망을 이룰 때까지 질긴 끈질기게 나아갑니다. 허나 대다수는 망설이고 흔들리다 뒤처집니다."

아카드는 직공에게 고개를 돌리며 물었다. "자네가 행운에 대해 토론하자고 제안했지. 이제 그 주제에 대해 어떻게 생각하는지 들어봅시다."

"행운을 새로운 시각으로 보게 됐습니다. 이전엔 아무 노력 없이 얻게 되는 탐나는 뭔가로 여겼습니다. 하지만 행운은 그리 쉽게 오지 않는다는 걸 이제 깨달았어요. '행운을 차지하려면 기회를 활용해야 한다'는 사실을 토론을 통해 배웠습니다. 앞으로는 주어지는 기회를 최대한 활용하려고 애쓰겠습니다."

아카드가 칭찬했다.

"우리가 토론을 통해 찾아낸 진리를 잘 이해했군요." 기회를 붙잡으면 행운이 뒤따르는 일이 많습니다. 반대의 경우는 드물지요. 자비로운 여신이 선사한 기회를 받아들였더라면 우리 상인 벗은 엄청난 행운과 마주했을 겁니다. 가축상 친구도 그날 밤 양 떼를 팔았다면 많은 이득을 보며 행운을 누렸겠지요.

우리는 행운을 끌어들이는 법을 찾고자 이 토론을 시작했고, 답을 찾아냈습니다. 두 이야기 모두 기회를 잡았을 때 행운이 어떻게 뒤따르는지 보여줍니다. 행운을 얻었든 잃었든, 비슷비슷한 수많은 이야기에는 변할 수 없는 진실, 즉 기회를 움켜잡아야 행운도 불러올 수 있다는 진실이 담겨 있습니다.

여신은 더 나은 삶을 위해 애써 기회를 잡으려는 자에게 관심을 보입니다. 자신을 기쁘게 하려 노력하는 자를 돕고자 하죠. 그리고 행동하는 사람이야말로 여신을 가장 즐겁게 합니다.

그 행동이 우리가 그토록 갈망하는 성공으로 인도합니다."

그렇다. 행운의 여신은 행동하는 자를 사랑한다.

재물의 다섯 가지 법칙

"황금 가득한 무거운 자루와 지혜의 말씀이 담긴 점토판, 둘 중 하나만 고를 수 있다면 무얼 택하겠나?"

사막의 떨기나무가 피워낸 모닥불 옆, 햇볕에 그을린 이들의 눈동자가 흥미로움으로 반짝였다.

스물일곱 명의 입에서 합창처럼 울려 퍼졌다.

"황금 자루요, 황금 자루!"

노인 칼라바브가 웃음을 머금고 고개를 끄덕였다. 그리곤 손을 들며 말을 이었다.

"자, 들어보게. 한밤중에 들리는 들개의 울부짖음 소리, 저

것 말일세. 굶주림에 길게 울부짖고 있어. 그놈들에게 먹이를 준다면 어떨까? 거드름 피우며 서로 다투겠지. 내일을 위해선 눈곱만큼도 남기지 않고 말일세.

사람도 마찬가지라네. 돈과 지혜 사이에서 고르라 한다면? 지혜는 내팽개치고 돈부터 챙길 걸세. 다 써버리고는 다음 날 불평할 거야, 더는 돈이 없다고. 재물의 법칙이라는 지혜를 터득하고 그에 따라 살아가는 자만이 부를 이룰 수 있네."

차가운 밤바람이 불자 칼라바브는 흰 옷자락으로 야윈 다리를 꼭 감쌌다.

"자네들은 긴 여정에서 날 잘 섬겼네. 낙타를 보살피고, 불타는 모래사막을 불평 없이 건넜고, 내 물건을 노리는 강도와 용감히 맞섰지. 그 공을 기려 오늘 밤, 그대들에게 재물의 다섯 가지 법칙을 들려주겠네. 한 번도 들어본 적 없는 이야기일 걸세. 놓치지 말고 귀를 기울여보게. 그 뜻을 새기고 주의를 기울인다면, 그대들도 언젠가 큰 부자가 될 수 있다네."

그는 강렬한 눈빛으로 주위를 둘러보며 잠시 말을 멈췄다. 바빌론의 수정 같은 밤하늘, 푸른 차양 너머로 별들이 밝게 빛나고 있었다. 그들 뒤로 태풍에 대비해 단단히 말뚝을 박은 천

막들이 어렴풋이 보였다. 옆에는 포장을 씌운 상품 더미가 가지런히 놓여 있었다. 멀지 않은 곳에선 낙타들이 드러누워 있었다. 되새김질에 여념 없는 놈도 있고, 콧노래 부르듯 코를 고는 놈도 있었다.

짐꾼 우두머리가 큰 소리로 말했다. "칼라바브 님은 그간 좋은 이야기를 많이 들려주셨습니다. 이제 우리와 작별하기 전, 우릴 이끌어줄 지혜를 전해주셨으면 합니다."

"그간 나는 너희에게 낯설고 먼 곳에서의 모험담만 들려주었지. 하지만 오늘 밤, 현명한 부자 아카드의 지혜에 대해 이야기해줄 거야."

짐꾼 우두머리가 아는 척했다. "그분 소문은 자주 들었습니다. 바빌론에 살았던 사람 중에 가장 큰 부자라지요."

"그렇네. 그분만큼 재물을 현명하게 다스린 이는 일찍이 없었어. 오늘 밤엔 여러 해 전 청년 시절, 내가 니네베에서 그의 아들 노마시르에게 들은 위대한 가르침을 전하고자 하네.

주인과 나는 밤늦도록 노마시르의 집에 있었지. 나는 멋진 양탄자를 잔뜩 가져온 주인을 도우러 갔고, 노마시르는 하나하나 살펴보며 마음에 드는 색을 고르고 있었네. 마침내 그가 극찬한 양탄자를 골랐을 때, 자리에 앉아 귀한 포도주를 나누자고 우리에게 청했어. 그 술에 익숙지 않아서였는지 코를 찌르는 향에 이내 뱃속이 뜨거워졌지. 그러곤 그가 아버지 아카드의 지혜로운 말씀을 들려주었는데, 그때 들은 이야기를 오늘 밤 들려주려고 하네.

알다시피 바빌론에선 아들이 아버지의 재산을 물려받기 위해 함께 사는 게 관습이야. 하지만 아카드는 그런 관례를 그대로 따르지 않았지. 아들 노마시르가 성년이 되자 불러 이렇게 일렀다네.

'애야, 네가 내 재산을 물려받으면 좋겠구나. 허나 그전에 넌 재물을 현명히 다스릴 수 있음을 증명해야 한다. 세상에 나가 네 자신에게 돈 버는 재능과 사람들에게 존경을 받고 있다는 것을 보여주렴. 너의 좋은 출발을 위해 두 가지를 주마. 가난했던 나의 청년 시절에 꿈에도 그리던 것들이지.

첫째는 이 황금 가득한 자루다. 현명히 쓴다면 성공의 토대가 되어줄 거란다.

둘째는 재물의 다섯 가지 법칙이 담긴 이 점토판이야. 이를 이해하고 행동에 옮긴다면 실력과 안전을 얻게 될 거다.

그리고 10년 뒤에 집으로 돌아와 그간의 삶을 말해다오. 네가 능력을 입증한다면 내 재산을 물려주마. 그렇지 않으면 제사장에게 넘길 거란다. 그들이 내 영혼을 신들에게 부탁하도록 말이야.'

이에 노마시르는 황금 자루와 비단으로 감싼 점토판을 들고 노예와 함께 말을 타고 길을 떠났어.

약속한 10년 후, 노마시르가 집으로 돌아왔네. 아버지는 아들을 위해 성대한 잔치를 베풀고 친지와 벗들을 초대했지. 잔치가 끝나자 부모는 큰방 한편의 왕좌 같은 의자에 앉았고, 노마시르는 약속대로 지난날을 말하기 위해 그들 앞에 섰어.

저녁 무렵이었네. 흐릿한 등잔불에서 피어오른 연기가 방안을 가득 메웠어. 흰옷 입은 노예들은 긴 종려나무 잎으로 부채질하면서 눅눅한 공기를 밀어내고 있었지. 장엄하고도 위풍당당한 광경이었어. 노마시르의 아내와 어린 두 아들, 친구들과 친척들이 그의 뒤에 자리 잡고 귀를 기울였네. 노마시르는 공손히 말문을 열었어.

'아버지, 아버지의 지혜에 머리 숙입니다. 10년 전, 제가 성년이 되었을 때 아버지는 재산에 의지하지 말고 세상에 나가 사람들 속에서 단련하라 하셨지요. 후한 황금도 주셨고, 값진 조언도 아끼지 않으셨습니다. 황금에 대해선 송구할 따름입니다! 형편없이 관리했다는 걸 인정할 수밖에 없습니다. 토끼 새끼가 미숙한 사냥꾼의 손아귀를 빠져나가듯, 황금은 경험 없는 제 손에서 허무하게 달아났습니다.'

아카드가 너그러이 웃으며 말했다. '얘야, 계속 말해보렴. 이야기를 더 듣고 싶구나.'

'저는 니네베로 가기로 결심했습니다. 그곳이 기회의 도시라 믿었으니까요. 사막을 오가는 상인 일행에 합류해 니네베로 향하는 길에서 친구들을 많이 사귀었습니다. 그중에는 아름답고 빠른 백마를 탄 재주 좋은 두 청년이 있었습니다.

함께 여행하며 그들은 니네베의 한 갑부를 입에 올렸지요. 그의 말은 그토록 빨라 단 한 번도 경주에서 진 적이 없다고 했어요. 그 부자는 어떤 준마도 자기 말만 못하다고 여기며, 천금이라도 걸 만큼 자신만만하다더군요. 그런데 청년들은 제 말에 비하면 부자의 말은 느릿느릿한 당나귀에 불과해 손쉽게 이길 수 있노라 장담하면서, 저에게 호의를 베푼다는 듯 내기에 끼워주겠다 제안했습니다. 전 그 내기에 흠뻑 빠졌죠. 하지

만 우리가 건 말은 완패했고, 전 거액을 잃고 말았어요.'

아카드는 웃음을 터뜨렸다.

'나중에야 그들의 농간이었음을 깨달았죠. 그들은 상인 일
행과 어울리며 먹잇감을 물색하고 있었던 겁니다. 니네베의
남자 또한 한패였고, 그들과 내기 돈을 챙겼던 거예요. 이 교활
한 속임수에 넘어가며 스스로 지키는 법을 배웠고, 그게 첫 번
째 교훈이었습니다.

금세 두 번째 교훈도 얻게 됐는데, 똑같이 쓰라린 경험이
었습니다. 또 다른 청년과 절친이 됐어요. 그 역시 부잣집 아
들로 니네베로 가고 있었어요. 니네베에 닿자마자 귀띔하더군
요. 작고한 상인의 가게를 쌓여 있는 물건, 단골과 함께 싼값에
넘겨받을 수 있다는 거였어요. 우리 둘이 동업해 가게를 인수
하고 꾸려나가자는 제안이었죠. 그러려면 그가 먼저 바빌론에
가서 투자금을 마련해 와야 했어요. 그는 먼저 제 돈으로 가게
를 사들이라고 종용하면서, 자기 돈은 차후에 사업을 이어가
며 쓰겠다고 약속했어요.

허나 그는 자금 마련을 위해 돌아가지 않고 계속 질질 끌었
어요. 그사이 전 그가 얼마나 어리석게 물건을 사들이고 돈을

펑펑 쓰는지 알게 되었죠. 결국 그를 내쫓았습니다. 그때는 이미 사업이 기울어 팔 물건은 쌓여가고 매입 자금은 바닥난 후였어요. 남은 물건을 헐값에 유대인에게 넘겨야 했습니다.

아버지, 이어진 나날은 고통의 연속이었습니다. 일자리를 알아봤으나 기술도, 장사 재주도 없는 제겐 구할 길이 없었죠. 말과 노예를 팔았고, 먹고 잘 곳을 얻으려 여벌 옷가지까지 팔아야 했습니다. 그럴수록 더욱 가난하고 비참해질 뿐이었죠. 하지만 그 모진 시간에도 절 믿어주신 아버지를 떠올렸습니다. 성숙한 사내가 되라고 집을 떠나보내신 아버지, 저는 그렇게 되리라 맹세했죠.'

아카드의 아내는 아들의 말에 고개를 숙인 채 흐느꼈지.

'그즈음 문득 아버지가 주신 점토판이 떠올랐어요. 새겨진 재물의 다섯 가지 법칙을 곱씹어 읽으며, 지혜를 먼저 찾았더라면 재산을 지켰을 거란 깨달음을 그제야 얻었습니다. 하나하나 가슴에 새기고, 행운의 여신이 다시 미소 짓는다면 젊은 혈기보다는 세월의 지혜를 따르리라 굳게 다짐했습니다.'

이 대목에서 노마시르가 말했네. '오늘 밤, 이 자리의 여러분을 위해 10년 전 아버지가 주신 점토판에 담긴 지혜의 말씀

을 전하겠습니다.'

재물의 다섯 가지 법칙

첫째, 누구든 수입의 10분의 1 이상을 떼어 모으는 사람에게 재물은 기꺼이 찾아와서 눈덩이처럼 불어난다. 그래서 그 사람과 가족의 미래를 대비하는 재산이 형성된다.

둘째, 현명한 주인이 안전하면서도 수익을 많이 낼 수 있는 곳을 찾아 투자하면 재물은 열심히 일해 만족스러운 결과를 가져다준다. 재물은 들판의 양 떼처럼 늘어난다.

셋째, 재물 다스리는 법을 아는 현자에게 조언을 구해 신중히 투자하는 자만이 그 재물을 지킬 수 있다.

넷째, 재물 관리의 달인이 찬성하지 않거나 모르는 분야의 사업이나 일에 투자하는 자의 재물은 속절없이 사라진다.

다섯째, 하룻밤에 부자 되길 꿈꾸는 자, 사기꾼과 모사꾼의 감언이설에 넘어가는 자, 자신의 미숙함과 몽상에 기대어 투자하는 자의 재물은 달아난다.

노마시르가 말을 이었어.

'이상이 아버지가 가르쳐주신 재물의 다섯 가지 법칙입니다. 제 이야기를 들으시면 이 법칙이 재물 그 자체보다 훨씬 더 소중하다는 걸 알게 되실 겁니다.

전 다시 아버지를 마주했습니다. 제 젊은 시절의 어리석음으로 얼마나 가난과 절망에 빠졌는지 말씀드렸죠. 하지만 영원한 불행은 없습니다. 니네베 외곽 성벽을 쌓는 노예 감독 일을 맡으며 제 불운도 끝이 났어요.

재물의 첫 번째 법칙 덕에 첫 월급에서 동전 하나를 떼어놓았어요. 버는 대로 틈틈이 모으니 은화 한 닢이 되더군요. 먹고 살아야 해서 재산은 더디게 불어났어요. 쓸데없이 호사스럽진 않았습니다. 10년 안에 아버지가 주신 만큼은 다시 모으겠노라 마음먹었으니까요.

어느 날 친분 있던 노예 주인이 저에게 물었습니다. 「자네 검소하게 살면서 돈을 아끼더군. 그렇게 하면 돈이 불어나나 보군?」

전 이렇게 대답했죠. 「그렇습니다. 아버지가 주셨다 제가 날려버린 그 금액만큼 모으는 게 제 목표랍니다.」

「훌륭한 포부로군. 하지만 자네 돈이 자네를 위해 일하면서 몇 갑절로 불릴 수 있다는 걸 아나?」

「안타깝게도 아버지가 주신 재물로 쓰디쓴 경험을 했습니다. 그 아픔이 두려워 엄두가 나질 않아요.」

그는 제안했어요.

「자네가 날 믿는다면 돈을 굴려서 수익을 내는 법을 알려주지. 1년 내로 외곽 성벽이 완공되면 적의 침입을 막기 위해 각 관문에 거대한 청동제 대문을 세울 거야. 니네베 전역에 문을 만들 청동이 모자란데도 왕은 아랑곳하지 않지. 내 계획은 이러네. 우리가 자금을 모아 먼 곳의 구리, 주석 광산에 상인을 보내는 거야. 그 광물을 니네베로 실어 와 청동 대문을 제작하는 거지. 구리와 주석의 합금이 청동이니까. 왕이 성문 건설을 명하면 우리만이 그 자재를 공급할 수 있어 비싼 값에 팔아넘길 수 있어. 설령 왕이 사지 않아도 우린 여전히 제값 받고 팔 만한 물건을 쥐고 있는 거야.」

저는 그의 제안이 세 번째 법칙에 부합하는, 전문가의 조언을 구해 돈을 굴릴 기회임을 깨달았습니다. 그의 계획은 기대를 저버리지 않았죠. 투자는 성공했고, 보잘것없던 제 재산은 단숨에 커졌어요.

얼마 뒤 그 전문가들과 다른 거래에도 뛰어들었죠. 그들은 진정한 재물 관리의 달인들이었어요. 사업에 착수하기 전 면밀하게 계획을 세우고 토론에 토론을 거듭했죠. 그들은 원금을 잃거나 수익은커녕 원금조차 건지지 못할 투자는 결코 하지 않았어요. 제가 무지했을 때 덤벼들었던 경마나 동업 같은 어리석은 짓거리는 거들떠보지도 않았죠. 그들 같으면 단번에 문제점을 간파했을 테니까요.

그들과 어울리며 안전하고도 수익성 있게 투자하는 법을 익혔어요. 해가 갈수록 재산은 눈덩이처럼 불어났죠. 잃었던 것보다 몇 배는 더 벌었습니다.

아버지, 제 불운과 역경 그리고 성공을 통해 재물의 다섯 법칙에 담긴 지혜를 거듭 시험했고, 그때마다 옳다는 게 증명되었습니다. 이 법칙을 모르는 자에겐 재물이 쉽게 다가오지 않고 찾아와도 곧 달아납니다. 반면 법칙을 따르는 이에겐 재물이 기꺼이 찾아와 충직한 종처럼 부지런히 일합니다.'

노마시르는 말을 멈추고 뒤에 있던 노예에게 손짓했지. 그 노예는 묵직한 가죽 자루 세 개를 하나씩 앞으로 날랐어. 노마시르는 그중 하나를 아카드 앞에 내려놓으며 입을 열었어.

'아버지는 저에게 바빌론 황금이 가득한 자루를 주셨죠. 이제 보십시오. 같은 무게의 니네베 황금으로 그 자루를 되돌려드리겠습니다. 바빌론 금이나 니네베 금이나 값어치는 마찬가지라 하셨으니까요. 아버지는 또 지혜의 점토판도 주셨는데, 그에 대한 대가로 황금 자루 두 개를 바치려 합니다.'

그는 노예에게서 나머지 자루 두 개를 받아 역시 아버지 앞에 내려놓았어.

'이는 제가 아버지의 황금보다 아버지의 가르침을 얼마나 소중히 여기는지 보여드리기 위함입니다. 허나 지혜의 값을 어찌 금자루로 매길 수 있겠습니까? 아무리 재물이 많아도 지혜가 없으면 순식간에 재물을 잃게 마련이지요. 그러나 빈털터리라도 지혜만 있다면 부를 일굴 수 있습니다. 이 황금 자루 셋이 바로 그 증거입니다. 사실 아버지 앞에 서서, 아버지의 가르침 덕에 제가 부자가 되고 존경받는 이가 되었노라 아뢰니 깊은 만족을 느낍니다.'

아카드는 애정 어린 손길로 노마시르의 머리를 쓰다듬었지. '정녕 많이 배웠구나. 내 재산을 맡길 만한 아들을 얻었으니 나야말로 행운아로다.'"

칼라바브는 이야기를 멈추고 귀 기울이는 일행을 날카로운 눈빛으로 훑었다. 그러고는 말을 이어갔다.

"노마시르의 이야기가 자네들에게는 어떻게 들리는가? 자네들 중에 아버지나 장인 앞에서, 자신의 수입을 잘 다스렸노라 당당히 말할 이 있겠는가? '전 여러 곳을 다니며 많이 배우고 열심히 일해 제법 벌었습니다. 그런데 이상하게도 손에 남은 건 거의 없어요. 돈을 현명히 쓰기도 했지만, 어리석게 낭비하기도 했죠. 그리고 무모한 투자로 적잖은 돈을 날렸습니다'라고 고백한다면 그분들의 반응은 어떨 것 같나?

누군가는 많은 재물을, 누군가는 아무것도 갖지 못한 건 여전히 불공평한 운명 탓이라 여기는가? 그렇다면 잘못된 생각이네. 재물의 다섯 가지 법칙을 깨우치고 성실히 따른 사람들은 큰 부를 얻었네. 나도 젊었을 때 이 다섯 가지 법칙을 배우고 지켰기 때문에 부유한 상인이 되었다네. 뭔가 이상한 마법으로 내 재산을 모은 게 아니야.

갑자기 굴러든 재물은 또 그리 쉽게 사라지기 마련일세. 서서히 다가온 재물이 오랫동안 머물며 즐거움과 만족감을 주지. 그런 재물은 끈질긴 목적의식과 지식의 결실이기 때문이야. 사려 깊은 자에겐 재물 모으기가 그저 달갑지 않은 의무일 뿐이네. 하지만 해마다 그 의무를 짊어지다 보면 궁극적 목표에 다다르게 되지.

재물의 다섯 법칙을 충실히 지키면 넉넉한 보상이 따른다네. 다섯 가지 법칙 하나하나에 많은 의미가 담겨 있어. 내 이야기가 간략해서 자네들이 의미를 충분히 이해하지 못했을까 싶어 다시 한번 설명하겠네. 나는 이 법칙의 의미를 하나하나 가슴에 새겼어. 젊은 시절, 그 법칙이 얼마나 값진지 알아볼 수 있었고, 한마디 한마디를 완전히 이해한 다음에야 만족할 수 있었지.

재물의 첫 번째 법칙

누구든 수입의 10분의 1 이상을 떼어 모으는 사람에게 재물은 기꺼이 찾아와서 눈덩이처럼 불어난다. 그래서 그 사람과 가족의 미래를 대비하는 재산이 형성된다.

수입에서 10분의 1을 꾸준히 모아서 현명하게 투자하면 누구든 분명 상당한 재산을 일굴 수 있어. 그 재산은 미래의 수입원이 되고, 또 신의 부름을 받을 때는 유가족을 든든히 보호할 거야. 그 법칙에 따르면, 재물은 언제나 수입 일부를 모으는 이에게 기꺼이 찾아오지. 내 삶으로 이를 직접 증명할 수 있어. 재물은 많이 모일수록 점점 더 쉽게, 더 많이 불어나. 돈을 많이 모을수록 모인 돈이 또 돈을 벌면서 점점 눈덩이처럼 불어나는 거야. 첫 번째 법칙은 이런 식으로 작용하네.

재물의 두 번째 법칙

현명한 주인이 안전하면서도 수익을 많이 낼 수 있는 곳을 찾아 투자하면 재물은 열심히 일해 만족스러운 결과를 가져다준다. 재물은 들판의 양 떼처럼 늘어난다.

사실 재물은 근면한 일꾼과 같아. 기회만 되면 몸집을 키우고 싶어 안달이야. 모아둔 재물이 있는 사람이라면 누구에게나 가장 수익성 높은 투자의 기회가 찾아오지. 세월이 지나면서 재물이 놀라운 방식으로 불어나.

재물의 세 번째 법칙

재물 다스리는 법을 아는 현자에게 조언을 구해 신중히 투자하는

자만이 그 재물을 지킬 수 있다.

사실 재물은 신중한 주인에게만 머물고, 부주의한 주인에게선 재빨리 달아나버려. 재물을 잘 관리하는 전문가에게 조언해 달라고 해. 그렇게 하면 위험한 투자는 피하고, 안전하게 꾸준히 불어나는 재물을 보면서 만족하고 기뻐하는 법을 터득하게 돼.

재물의 네 번째 법칙

재물 관리의 달인이 찬성하지 않거나 모르는 분야의 사업이나 일에 투자하는 자의 재물은 속절없이 사라진다.

돈은 있지만 제대로 굴리지 못하는 이의 눈엔 엄청난 이익을 안길 것처럼 보이는 곳이 많아. 실은 손실 위험이 높은 경우가 태반이고, 전문가가 제대로 분석하면 성공 가능성이 희박함을 알게 돼. 그러니 재물은 있어도 경험이 부족한 사람이 자신의 판단만 믿고 생소한 영역에 뛰어들었다가, 자신의 안목이 부족했음을 뒤늦게 깨닫고 경험 부족으로 재산을 날리는 일이 비일비재한 거야. 결국 돈 관리에 능숙한 사람들의 조언을 받으면서 투자하는 사람이 현명한 거야.

재물의 다섯 번째 법칙

하룻밤에 부자 되길 꿈꾸는 자, 사기꾼과 모사꾼의 감언이설에 넘어가는 자, 자신의 미숙함과 몽상에 기대어 투자하는 자의 재물은 달아난다.

막 재물을 손에 쥔 이는 언제나 흥미진진한 모험담 같은 제안을 받아. 그의 재물에 마법을 걸어 단번에 부자로 만들어줄 것만 같은 제안이지. 그러나 현명한 사람들은 조심하지. 일확천금을 벌게 해주겠다는 온갖 계획 뒤에 도사리고 있는 위험들을 잘 알기 때문이지. 돈이 되지 않는 투자에 묶이거나 원금을 잃지 않으려 했던 니네베의 갑부들을 기억하게.

이걸로 재물의 다섯 가지 법칙에 대한 내 이야기를 끝낼게. 나 자신의 성공 비결이기도 하지. 그러나 재물의 다섯 법칙은 비결이라기보다 누구나 가장 먼저 배워 따라야 할 진리야. 들개처럼 하루하루 먹거리를 걱정하는 다수의 무리에서 벗어나고 싶다면 더욱.

내일이면 우리는 바빌론에 들어가게 될 거야. 저것 봐라! 영원한 불꽃이 바알 신전 위로 타오른다! 우리는 어느덧 황금

도시가 보이는 곳까지 왔네.

내일, 자네들은 각자 품삯을 받을 거야. 자네들이 충실하게 일한 대가로 후한 품삯을 받을 테지. 오늘 밤으로부터 10년 뒤, 자네들은 이 품삯에 대해 무어라 말할 수 있을까?

자네들 중에 노마시르와 같은 사람이 있다면 이 품삯의 일부로 재산 모으기를 시작할 걸세. 그리고 슬기롭게도 그때부터 아카드의 가르침을 나침반 삼겠지. 지금으로부터 10년 후면 아카드의 아들처럼 부자가 되고 존경받는 인물이 되리라 장담해.

현명한 행실은 평생 우리에게 도움이 되고 기쁨을 주지. 반면 어리석은 행동은 우리 뒤를 쫓아다니며 아프게 하고. 유감스럽게도 그런 고통은 잊을 수가 없다네. 우리를 따라다니는 고통 중 가장 큰 건 우리가 했어야 하는 일들, 우리에게 찾아왔지만 잡지 못했던 기회들에 대한 기억이야.

바빌론은 풍요로워. 너무 풍요로워서 그 넘치는 부를 아무도 헤아릴 수 없어. 해마다 더 풍요로워지고, 더 부유해지지. 목적의식 있게 자신의 정당한 몫을 취하리라 다짐하는 이들에겐 넉넉한 보상이 기다리고 있어.

자네들의 강렬한 욕망 안에 마법 같은 힘이 있다네. 재물의
다섯 가지 법칙에 대한 지식을 갖추고, 이 힘을 활용해보게. 그
러면 바빌론의 풍요로움을 나눠 갖게 될 거야."

바빌론의 대금업자

금 50냥! 고대 바빌론에서 창 만드는 로단의 홀쭉한 주머니에 이렇게 묵직한 돈이 들어온 적은 없었다. 그는 너그러운 폐하의 궁전에서 나와 신이 나서 왕의 대로를 활보했다. 걸음마다 허리춤의 주머니가 흔들리며 경쾌한 소리를 냈다. 지금껏 들어본 것 중 가장 달콤한 음악이었다.

금 50냥이 온전히 그의 차지였다! 자신의 행운이 아직까지 믿겨지지 않았다. 그 반짝이는 금화에는 얼마나 엄청난 힘이 깃들어 있는지! 저택, 토지, 소, 낙타, 말, 마차…. 원한다면 무엇이든 살 수 있었다. 그 돈을 어떻게 쓸까? 그날 밤, 로단은 여동생의 집으로 향하는 골목길을 걸으면서, 자신이 받은 그 많은 금화만큼 매력적인 다른 것은 상상조차 할 수 없었다.

며칠 후 어느 날 저녁, 로단은 난감한 기색으로 대금업자이자 보석상인 마톤의 가게로 향했다. 예술적으로 진열된 온갖 물건은 쳐다보지도 않고 그냥 지나쳐 곧장 뒤편의 살림집으로 갔다. 마톤은 한가롭게 양탄자에 앉아 흑인 노예가 내온 저녁을 들고 있었다.

"어찌할 바를 몰라 의논하고자 왔습니다." 로단은 몇 발자국 떨어진 곳에서 멍하니 서서 말했다. 가죽 웃옷 틈새로 그의 가슴털이 엿보였다.

갸름하고 햇볕에 그을린 얼굴의 마톤이 반갑게 미소 지으며 로단을 맞았다. "무슨 무분별한 짓을 저질렀기에 대금업자를 찾아온 거요? 도박으로 돈을 잃었나? 아니면 여자 문제가 생겼나? 여러 해 자네를 봐왔지만, 난처한 일로 도움을 청하러 온 적은 없었잖소?"

"아뇨, 아닙니다. 그런 문제가 아니에요. 돈이 필요해서 온 게 아니라 당신의 슬기로운 조언이 절실해서요."

"이런, 이게 무슨 소리요? 조언을 구하려고 대금업자를 찾는 사람은 없는데. 내 귀를 의심케 만드는군."

"제대로 들었어요."

"세상에나. 누구보다 영리한 창 만드는 로단이 돈을 빌리러 온 게 아니라 조언을 구하러 마톤을 찾아오다니. 보통 사람들은 자기가 한 실수에 대한 대가를 치를 돈은 빌리지만, 정작 조언은 구하지 않잖아. 그런데 어려움에 빠져 찾아온 사람들에게 대금업자보다 더 조언을 잘해줄 사람이 있겠소?"

이어 마톤이 말했다. "로단, 나와 함께 식사하시오. 오늘 밤 당신을 손님으로 맞이하겠소." 그러고는 흑인 노예에게 지시했다. "안도, 조언을 청하러 온 내 벗 로단이 앉을 양탄자를 깔거라. 귀한 분이시니 가장 큰 술잔을 가져오고, 풍성한 음식을 차려라. 그가 흡족히 마실 최고의 포도주를 골라 오거라."

"자, 이제 무슨 걱정인지 말해 보시오."

"폐하께서 하사하신 선물 때문입니다."

"왕의 선물이라고? 임금님이 자네에게 선물을 주셨는데 근심이 생겼다니? 도대체 무엇인데?"

"근위병의 창날을 새로운 형태로 만들어 올렸더니, 폐하께서 크게 기뻐하시며 금 50냥을 하사하셨습니다. 그런데 지금

몹시 곤혹스럽습니다. 해 뜰 때부터 질 때까지 사람들이 시도 때도 없이 금을 나눠 달라 조릅니다."

"그럴 만하지. 재물을 갈망하지만 이루지 못한 자가 많으니 재물을 얻은 이에게 나누어 달라고 청하는 게 당연한 법이지. 하지만 거절을 못 하는 건가? 의지가 주먹보다 작은 건가?"

"수많은 이의 부탁은 거절할 수 있습니다. 하지만 사양하기 어려운 경우도 있죠. 사랑하는 여동생이 청하면 나누어 주지 않겠다 할 수 있겠습니까?"

"자네 여동생이라면 열심히 일한 대가로 네가 즐기는 기쁨을 앗아가려 들진 않을 테지."

"여동생이 남편 아라만을 위해 간청하는 겁니다. 남편이 부유한 상인이 되길 바라지만, 그는 한 번도 기회를 얻지 못했다고 여깁니다. 이 황금만 빌려주면 그걸로 사업을 시작해 성공한 장사꾼이 될 수 있을 거라며, 돈을 벌면 갚겠노라 졸라대요."

마톤이 말했다.

"벗이여, 그것 참 골치 아픈 일이로군. 재물이 생기면 책임도 뒤따르고, 주변과의 관계도 달라지지. 잃어버리거나 사기

당할까 봐 노심초사하게 되고. 한편 그 재물로 좋은 일을 할 힘과 능력이 생겼다는 것도 느껴. 허나 아무리 선한 의도라도 때론 곤경에 처하기 마련이야.

당나귀와 소 이야기 들어봤나? 동물들의 말을 알아들었던 니네베의 농부 말이야. 흔한 얘기는 아니지. 빌리고 빌려주는 일이 단순히 금전이 오고 가는 것 이상이란 걸 깨닫게 해주는 이야기라네.

농부는 매일 밤 농장에서 어슬렁거리며 짐승들의 대화에 귀 기울였다네. 어느 날 황소가 당나귀에게 자신의 팍팍한 삶을 하소연하는 걸 들었지. '난 아침부터 저녁까지 쟁기나 끌며 허리가 휘어. 아무리 더워도, 다리가 아파도, 멍에 때문에 목이 불편해도 일해야 해. 그런데 너는 주인이 가고 싶은 데로 실어 나를 뿐, 놀고먹잖아. 주인이 어디 갈 데 없으면 풀이나 뜯으며 온종일 쉬고 있고.'

거친 발길질을 하긴 하지만, 당나귀는 좋은 친구여서 황소의 처지를 이해했어. 당나귀는 말했어. '친구여, 너 정말 고생이 많구나. 좀 편히 살 수 있게 도와주고 싶어. 내가 쉴 수 있는 방도를 일러줄게. 내일 아침 노예가 너를 데리러 오면 바닥에

드러누워 큰소리로 울부짖어 봐. 네가 몸이 좋지 않아 일을 못한다고 그가 주인한테 고할 수도 있잖아?'

황소는 당나귀의 말을 듣고 그대로 했지. 다음 날 노예는 농부에게 가서 황소가 아파서 쟁기를 끌 수 없다고 전했고, 그러자 농부는 이렇게 말했지. '그래도 밭은 갈아야 하니 당나귀를 데려가 쟁기질을 시키게.'

친구를 도우려 했을 뿐인 당나귀는 황소 대신 종일 고된 노동을 해야 했어. 해 질 무렵 쟁기에서 풀려났을 때 가슴은 쓰라렸고, 다리는 후들거렸으며, 멍에를 멘 목은 따가웠지. 농부는 그날 밤에도 농장을 배회하며 짐승들의 대화를 엿들었어.

황소가 먼저 입을 열었어. '넌 정말 고마운 친구야. 덕분에 종일 편히 쉴 수 있었어.' 이에 당나귀가 쏘아붙였지. '순진하게 친구 돕다가 친구 일을 대신하게 생겼군. 이젠 자네 쟁기는 자네가 끌어. 자네가 또 쓰러지면 주인이 노예더러 푸줏간에 팔아버리래.' 그 뒤로 둘은 서로 말도 걸지 않게 되었고, 우정도 끝이 났다네. 이 이야기에서 무슨 교훈을 얻을 수 있겠나, 로단?"

로단이 대답했다. "좋은 이야기입니다. 하지만 무슨 뜻인지는 잘 모르겠군요."

"그렇게 말할 줄 알았어. 하지만 이 우화에는 교훈이 있고, 그것도 알기 쉬운 교훈일세. 친구를 돕고 싶어도 친구의 짐을 대신 짊어지는 식으로 도와선 안 된다는 거야."

"생각하지 못한 부분이에요. 참 현명한 가르침이네요. 전 처남의 짐을 떠안고 싶진 않습니다. 말해주십시오. 당신은 수많은 이에게 돈을 빌려주잖습니까. 빌려간 사람들이 돈을 갚지 않으면 어떻게 해요?"

마톤이 희미하게 웃었다. 경험에서 우러나온 미소였다. "빌려간 돈을 받지 못한다면 대금업을 어찌 계속하겠나? 대금업자는 빌려 간 자가 그 돈으로 잘 벌어 갚을 수 있을지, 아니면 어리석게 탕진하다 빚만 남길지 슬기롭고 신중하게 판단해야 하지 않겠나? 내 담보품과 그에 얽힌 이야기를 보여주면서 들려주지."

그는 한 아름 되는 상자를 방으로 가져왔다. 붉은 돼지가죽을 씌우고 청동으로 장식한 궤짝이었다. 그는 상자를 내려놓고 앞에 쪼그리고 앉아 두 손으로 뚜껑을 짚었다.

"돈을 빌려줄 때면 담보를 요구하지. 그리고 갚을 때까지 이 상자에 보관해. 갚으면 돌려주고, 그러지 않으면 담보물을 볼 때마다 날 저버린 자를 떠올리게 되지. 경험상 빌리려는 돈보다 재산이 더 많은 이에게 꾸어주는 게 가장 안전해. 땅이나 보석, 낙타 또는 팔아서 대출금을 갚을 만한 다른 자산 말일세. 내게 맡긴 물건 중엔 대출금보다 값나가는 보석도 있어. 만약 약속대로 빚을 갚지 않으면 재산 일부를 넘기겠다는 각서도 있지. 그런 대출금은 이자까지 온전히 받을 수 있다고 확신할 수 있어. 담보물을 보고 빌려주니까.

재산은 많지 않아도 돈 버는 재주가 있는 이들도 있어. 자네처럼 노동으로 삯을 받는 자들 말일세. 그들은 꾸준한 수입이 있고 근면하며 불행을 겪지 않는다면 마찬가지로 원리금을 갚을 수 있어. 사람의 역량과 노력을 보고 빌려주는 거야.

그러나 재산도, 돈벌이 재주도 없는 이들도 있어. 살아가는 게 쉽지 않아 삶에 적응하지 못하는 자들 말이야. 안타깝게도 그런 이들에겐 아무리 적은 돈을 꾸어 줘도 오래오래 후회하게 돼. 신망 있는 좋은 친구가 보증을 서지 않는 한 빌려주기 어렵지."

마톤은 상자 뚜껑을 잡아 열었다. 로단은 몸을 앞으로 내밀어 상자 안을 들여다보았다. 제일 위에 진홍빛 천이 깔려 있고, 그 위로 크고 묵직해 보이는 청동 목걸이가 놓여 있었다. 마톤은 목걸이를 꺼내 들고 정성스레 어루만졌다.

"이 목걸이는 이 상자에 계속 남아 있을 거야. 주인이 먼저 세상을 떴거든. 난 이것을 그에 대한 기억의 징표로 간직하고 있어. 아끼는 친구였지. 우리는 함께 장사해 큰돈을 벌었는데, 어느 날 그가 동방에서 데려온 여인과 결혼했어. 눈부시게 아름다운 여자였지만 우리나라 여인들과 달리 사치가 심했지. 그 친구는 아내의 욕구를 채우느라 돈을 물 쓰듯 했어. 돈이 바닥나자 고민에 빠져 날 찾아왔지. 나는 그와 오랜 시간 담소를 나누었어. 그가 다시 일어설 수 있도록 돕겠노라 했지. 그는 힘껏 노력하겠다고 맹세했어. 하지만 일이 뜻대로 되지 않았어. 부부싸움 끝에 아내가 그의 심장을 칼로 찔렀거든. 그가 아내더러 찔러 보라 했다더군."

로단이 물었다. "그 부인은 어찌 되었죠?"

"음, 물론 이게 친구 아내의 것이지." 마톤은 진홍빛 천을 들추었다. "그녀는 죄책감에 시달리다 유프라테스강에 몸을 던졌어. 그 친구에게 빌려준 돈은 영영 돌려받지 못하겠지. 보다시피 로단, 격정에 사로잡힌 이에겐 돈을 빌려주는 게 안전치 않아."

마톤은 손을 뻗어 황소 뼈로 조각한 반지를 집었다. "이건 색다른 물건이야! 이건 농부의 반지라네. 내가 그의 아내가 짠 양탄자를 사곤 했지. 그런데 메뚜기 떼의 습격으로 그 가족이 곤궁해졌어. 내가 도와줬고, 그는 추수 후 빌린 돈을 갚았지. 어느 날 그가 다시 날 찾아와 한 여행자에게서 들었다며 먼 나라에 특이한 염소가 있다더군. 그 염소 털이 길고 부드러우며 윤기가 나 바빌론 최고의 양탄자보다 아름다운 융단을 짤 수 있다는 거야. 그는 염소 떼를 사고 싶어 했으나 자금이 없었지. 그래서 내가 돈을 빌려줘 멀리 가서 염소를 구입해 오게 했어. 이제 막 사업을 시작했는데, 내년쯤이면 최고급 양탄자로 바빌론의 귀족들을 깜짝 놀라게 할 걸세. 그들은 앞다투어 사려들 거야. 금방 이 반지를 돌려줄 수 있을 거야. 그가 빌린 돈을 당장 갚겠다고 고집을 부리거든."

로단이 물었다. "빌리는 사람들 중에 그런 경우도 있나요?"

"돈을 벌겠다는 확고한 계획이 있다면 그렇지. 경솔한 자가 돈을 빌리겠다면 되돌려 받을 수 있을지 신중히 따져 봐야 한다고 경고하고 싶구먼."

로단은 보석이 박힌 묵직하고 특이한 금팔찌를 집어 들며 "이 팔찌 얘기도 해주시겠어요?"라고 물었다.

"자넨 여인들에 관심이 많군." 마톤이 놀랐다.

로단이 받아쳤다. "전 아직 당신보다 한참 젊으니까요."

"알았네. 그런데 이번엔 자네 생각처럼 낭만적인 사연은 아냐. 이 팔찌 주인은 뚱뚱하고 주름진데다 수다스럽기 짝이 없어. 정작 필요한 말은 거의 하질 않아 날 미치게 해. 한때는 돈 많은 부자여서 좋은 고객이었지만, 형편이 기울었지. 그 부인은 아들을 상인으로 만들고 싶어 했어. 낙타를 몰고 이 도시 저 도시 장사하는 대상隊商의 동업자로 삼고 싶다며 돈을 빌리러 왔지.

그런데 대상을 이끌던 자가 사기꾼이었어. 이른 아침, 그 부인의 아들이 자는 동안 짐을 싣고 달아났지. 불쌍한 청년은 이국 땅에서 홀로 돈도 친구도 없이 버려졌네. 아들이 나이 들면 그 빚을 갚겠지. 그때까지 나는 이자도 못 받고 그 부인의 끝없는 잔소리나 들어야 할 거야. 허나 이 팔찌가 대출금 값어치는 하니 견디는 수밖에."

"그 부인은 빌릴 때 조언을 구하지 않았나요?"

"전혀. 그저 아들을 바빌론의 부유하고 권세 있는 인물로 만들겠다는 꿈에 사로잡혀 있었지. 반대로 조언하면 엄청나게 화를 낼 정도였어. 경험 없는 청년이 그런 일을 하는 건 위험하다는 것은 알았지. 그래도 그녀가 담보를 내놓고 빌리겠다 하니 거절할 순 없었어."

마톤은 매듭 묶인 밧줄을 흔들며 말을 이었다. "이건 낙타 상 네바토르의 밧줄이야. 낙타 떼를 살 돈이 모자랄 때면 이 매듭을 가져오지. 그럼 내가 필요한 만큼 빌려주지. 그는 현명한 상인이라 훌륭한 판단력을 믿고 아낌없이 빌려줄 수 있어. 바빌론엔 성실히 일해 내 신뢰를 얻은 상인들이 많아. 내 담보 상자에는 그들의 담보가 자주 들어갔다 나왔다 하지. 유능한 상인은 우리 도시의 자산이야. 나는 그들이 사업에 매진해 바빌론을 번영케 하도록 돕고, 그 대가로 이익을 얻지."

마톤은 터키석으로 깎은 딱정벌레상을 집어 들더니 경멸하듯 내팽개쳤다. "이집트제 조각상이야. 이걸 맡긴 청년은 갚을 생각조차 하지 않아. 내가 채근하면 '계속 운이 따르지 않는데 어떻게 갚겠어요? 담보는 충분하잖아요'라고 둘러대. 그리 부유하진 않지만 훌륭한 그의 부친이 아들의 사업을 지원하려고 땅과 가축을 담보로 맡겼거든. 청년은 처음엔 좋은 성과를 냈어. 하지만 욕심을 부리다 역량 부족으로 망하고 말았지.

야심만만했던 청년이었어. 부자가 되어 원하는 걸 다 얻겠다며 지름길만 찾았지. 자주 무분별하게 빚을 내 순식간에 거부가 되려 들었어. 젊은이들은 경험이 적어 빚의 구렁텅이가 얼마나 깊은지 모르지. 빠져들기는 쉬워도, 며칠을 버둥거려도 기어나오기 힘든 구렁텅이 말일세. 밝은 햇살 구경도 못 하고, 밤엔 뒤척이며 제대로 잠들지도 못해. 슬픔과 후회에 잠겨 불행해지지. 그래도 나는 돈을 꾸지 말라 하진 않아. 오히려 빌리라고 해. 현명하게 쓸 거라면 말일세. 나 자신도 돈을 빌려 장사하며 처음으로 진정한 성공을 거뒀으니까.

그러면 이런 경우 대금업자로서 어찌해야 할까? 그 청년은 낙담해 아무것도 하지 않아. 의욕을 잃었어. 빚을 갚으려 들지도 않지. 나로선 그의 아버지가 담보로 맡긴 땅과 가축을 빼앗고 싶지 않아."

로단이 조심스레 입을 열었다. "흥미로운 얘기를 많이 들려주셨습니다. 하지만 제 질문에 대한 답은 듣지 못했네요. 처남에게 금 50냥을 빌려줘야 할까요? 제겐 중대한 일이라 고민됩니다."

"자네 여동생은 내가 높이 평가하는 훌륭한 여인이야. 만약 그녀 남편이 내게 와서 금 50냥을 빌리려 한다면, 우선 그 돈을 어디에 쓸 건지 물을 거야. 가령 나처럼 보석과 고가구를 사고팔겠다면 '어떻게 장사할 건지 아나? 어디서 가장 싸게 구할 수 있는지, 어디서 제값 받고 팔 수 있는지 아나?'라고 따져 물을 걸세. 그가 이 물음들에 '안다'고 답할 수 있겠나?"

로단은 인정했다. "아뇨, 그럴 리 없겠죠. 그는 주로 제 곁에서 창 만드는 일을 도왔고, 장사는 조금밖에 해보지 않았으니까요."

"그렇다면 그의 대출 목적이 신뢰할 만하지 않다고 일러주겠네. 상인은 자기 업에 통달해야 해. 그의 야심은 훌륭하나 비현실적이므로 나는 한 닢도 빌려주지 않을 거야.

허나 그가 이렇게 말한다면? '압니다. 상인 일을 많이 도왔거든요. 스미르나에 가면 그곳 여인들이 짠 융단을 싸게 살 수 있어요. 바빌론의 부자들도 잘 알죠. 그들에게 비싸게 팔아 큰 수익을 올릴 수 있습니다.' 그럼 내가 뭐라 하겠나? '자네 목적이 분명하고 야망도 근사하군. 자네가 갚으리란 확신만 선다면 기꺼이 금 50냥을 빌려주지.' 하지만 그는 이렇게 대답하겠지. '전 믿을 만한 사람이고 꼭 갚겠다는 약속 외엔 보장할 게 없습니다.' 그러면 내가 말하마. '나는 금화 하나하나를 소중히 여기네. 자네가 스미르나로 가는 길에 강도를 만나 금을 빼앗길 수도, 돌아올 때 양탄자를 약탈당할 수도 있잖나? 그럼 자넨 갚을 도리가 없고 난 돈을 잃고 말 걸세.'

아시다시피 로단, 돈은 대금업자의 상품이야. 빌려주긴 쉽지. 하지만 묻지마 식으로 빌려주면 돌려받기 힘들어. 현명한 대금업자는 위험을 피하려 해. 안전한 상환을 보장받고자 하지. 궁지에 몰린 이를 돕는 건 좋은 일이야. 불행한 자를 돕는 것도 그렇고. 장래가 촉망되는 이가 사업을 시작하도록 뒷받침하는 것 역시 좋지. 그러나 농부 당나귀처럼 남의 짐을 덜어주다 짊어지는 우를 범하진 말아야겠지. 현명하게 도와야 해.

로단, 내 대답이 자네 질문과는 또 빗나갔군. 하지만 내 충고를 새겨들어. 그 금 50냥을 아무에게도 빌려주지 말고 잘 간수하게. 자넨 노력의 대가로 받은 그 돈의 주인이야. 원치 않는다면 그 누구도 포기하라 강요할 순 없어. 불리고 싶다면 곳곳에 나눠 신중히 빌려주게. 난 돈을 묵히는 걸 좋아하진 않아도 무모한 위험은 더 싫어해. 자넨 창 만드는 일을 몇 년째 하나?"

"꼬박 3년 동안 일했죠."

"왕에게 받은 선물 말고 그 일을 해서 얼마나 모았어?"

"금 3냥을 모았어요."

"자넨 그 3냥을 모으려고 매년 좋아하는 걸 사는 대신 절약하고 또 절약했겠지."

"네, 그랬죠."

"그렇다면 50냥 모으려면 50년을 또 그리 살아야겠군."

"평생 일해야 할 거예요."

"자네 누이가 남편을 상인으로 만드는 실험을 해보겠다며, 자네가 50년 동안 청동을 녹이는 용광로 앞에서 땀 흘리며 일해야 모을 돈을 잃게 만들고 싶어 한다고 생각하나?"

"아닐 거예요."

"그렇다면 여동생에게 가서 이렇게 이르게. '나는 명절 빼곤 아침부터 밤까지 쉼 없이 일했어. 정말 갖고 싶은 것도 사지 않고 참았지. 매해 금 한 냥 모으려면 그토록 고생하며 인내해야만 했어. 너는 내 소중한 누이고, 네 남편의 사업이 대성하길 바라마지않아. 내 벗 마톤이 보기에 가능성 있고 현명한 계획을 제시하면 1년 내 모은 돈을 선뜻 빌려주마. 그 돈으로 성공을 입증할 기회를 주겠네.' 내 말대로 해봐. 자네 매제가 자신 있다면 증명할 기회를 줄 테니. 입증하지 못하면 언젠가는 갚을 수 있을 만한 금액 이상을 구하려 들지는 않을 걸세.

나 역시 장사로 돈을 벌고 남은 자금을 대금업에 투자했네. 내 여윳돈을 다른 이들이 활용해 불리도록 말일세. 하지만 피땀 어린 돈을 잃을 수도 있는 모험은 하고 싶지 않아. 그래서 안전하게 회수될 것을 확신할 수 없다면 한 푼도 꾸어주지 않아. 매번 이자도 꼬박꼬박 받지 못한다고 생각되면 빌려주지 않지.

로단, 내 담보 궤짝에 담긴 몇몇 얘기를 들려줬네. 거기서 인간이 얼마나 나약한지, 갚을 재간도 없이 빌리려 들뜨는지 알 수 있겠지. 능력도 경륜도 없으면서 밑천만 있다면 큰돈을 벌 거라는 그들의 헛된 기대를 깨달았을 걸세.

자넨 이제 돈이 돈을 벌게 해야 할 때야. 나처럼 대금업을 하게 된 셈이라네. 재산을 안전하게 굴린다면 평생 쏠쏠한 수입에 큰 기쁨을 누릴 걸세. 하지만 잃어버린다면 한평생 가슴

아파하며 후회할 걸세. 그 주머니 속 금화들을 생각하면 가장 바라는 게 무엇인가?"

"안전하게 지키고 싶어요."

마톤이 수긍했다. "현명한 소망이야. 가장 갈구하는 건 안 전이군. 하지만 매제 손에 쥐여 준다면 정녕 잃지 않고 지킬 수 있을까?"

"안전할지 의문입니다. 제 매제는 재물을 다루는 데 서툴 거든요."

"그렇다면 어리석은 의무감에 흔들려 누군가에게 꼭 빌려 줘야 한다는 생각은 버리게. 가족이나 친지를 돕고 싶거든 재 산을 위태롭게 하지 않는 다른 방도를 찾아보라고. 돈 관리에 미숙한 자는 뜻밖의 방식으로 재물을 날리게 된다는 걸 명심 해. 남의 손에 맡겨 잃느니 흥청망청 쓰는 편이 낫다네. 자네 재산에 대해 안전 다음으로 바라는 건 무엇인가?"

"수익을 내는 겁니다."

"또 똑똑한 대답이군. 수익을 내며 불려 나가야지. 현명히 판단해 빌려준다면 자네 같은 젊은이가 노인 되기 전에 배로 늘릴 수 있을 걸세. 하지만 그 돈을 잃을 위험을 감수하려 한다면, 그 돈이 벌어들일 수 있는 모든 수익까지도 잃을 수 있다는 걸 명심해야 해.

그러니 엉뚱한 계획을 내놓으며 자네 돈으로 터무니없는 수익을 낼 수 있다고 장담하는 얼빠진 자들에게 넘어가선 안돼. 그런 구상은 건전하고 확실한 사업의 이치를 모르는 공상가의 헛된 망상일 뿐일세. 자네 재산으로 올릴 수 있는 적당한 이자는 보수적으로 잡아야 해. 엄청난 이자를 약속하는 곳에 빌려준다면 손실을 보기 십상이야.

이미 투자로 성공한 이들, 기업들과 인연을 맺으려 힘써보게. 그들의 도움으로 알찬 수익을 올리고, 그들의 지혜와 경험 덕에 자금을 보전할 수 있을 걸세. 그러면 신의 뜻이라 여겨 자산을 맡긴 대다수가 맞닥뜨리는 불행을 피해 갈 수 있어."

로단이 고마움을 표하려 했으나 마톤은 귀담아듣지 않고 말을 이었다.

"왕의 선물이 자네에게 많은 교훈을 줄 걸세. 그 금 50냥을 지키려면 정말 조심해야 해. 이러쿵저러쿵 쓰라는 유혹이 쏟아질 테니. 조언도 우후죽순 들어올 걸세. 엄청난 이익을 올릴 기회도 수두룩할 걸세. 내 담보 궤짝에 얽힌 얘기들이 자네에겐 경고가 되길 바라네. 주머니에서 금 한 닢이라도 꺼내기 전에, 반드시 무사히 되찾을 묘안이 있는지 살피게. 내게서 더 조언 듣고 싶으면 언제든 다시 찾아오게. 반갑게 맞이하지. 가기 전에 내 담보함 뚜껑에 새긴 이 글귀 읽어보겠나? 돈 빌리는 이나 빌려주는 이 모두에게 해당되는 말일세."

The Richest Man In Babylon

크게 후회하기보다 조금 조심하는 게 낫다.

바빌론의 성벽

한때 무시무시한 전사였던 노구의 반자르가 고대 바빌론 성벽 꼭대기로 오르는 통로에서 보초를 섰다. 한참 위에선 용맹한 수비병들이 성을 지키려 사투를 벌이고 있었다. 수십만 시민이 사는 위대한 도시의 운명이 그들에게 달려 있었다.

성 밖에선 침략군의 함성, 수많은 사람의 외침, 말발굽 소리, 청동 성문을 부수려는 무기의 요란한 소음이 뒤엉켜 들려왔다.

성문이 무너지면 입구에서 저지하려고 창을 든 병사들이 대기하고 있었다. 하지만 수가 터무니없이 적었다. 바빌론의 주력은 왕과 함께 엘람을 치러 멀리 동쪽에 원정 중이었다. 그들이 없을 때 이렇게 공격받으리라곤 꿈에도 몰랐기에 수비대가 얼마 없었다. 하지만 난데없이 북방에서 강력한 아시리아군이 쳐들어온 것이다. 이제, 성벽을 지키지 못하면 바빌론은 함락될 운명이었다.

두려움에 질린 수많은 백성이 반자르 주위에 모여 전황을 초조하게 기다렸다. 그들은 부상자와 전사자가 실려 나오는 광경을 숨죽여 지켜보았다.

아시리아군에겐 이때가 결정적 공격 시점이었다. 3일간 성 둘레를 돌더니 갑자기 이 구역, 이 성문에 총공격을 퍼부었다. 성벽의 꼭대기에서 수비하는 병사들은 사닥다리로 올라오려는 아시리아 병사들을 물리치려고 끓는 기름을 붓고 화살을 쏘아댔다. 성벽에 오른 자가 있으면 창으로 맞섰다. 수천 명의 아시리아 궁수는 방어군을 저지하려 빗발치듯 화살을 퍼부었다.

늙은 반자르는 전황을 파악하기 좋은 위치에 있었다. 최전선과 가장 가까워 미친 듯이 공격하는 아시리아군을 새로 물리칠 때마다 가장 먼저 알 수 있었다.

한 노구의 상인이 중풍 든 손을 떨며 그에게 다가왔다.

"말해주시오! 제발 말해주시오! 저들이 성안으로 들어오진 못하겠지요? 내 아들들은 위대하신 왕과 함께 멀리 있소. 이 늙은이 아내를 지켜줄 자식이 하나도 없구려. 놈들이 우리 재산을 몽땅 털어가면 먹을 양식 하나 남지 않겠지. 우린 늙어서 몸도 지킬 수 없고, 노예로 팔려가기에도 너무 늙었소. 그저 굶어 죽을 뿐이오. 저들이 들어올 수 없다고 말해주시오."

"걱정 마십시오. 바빌론의 성은 견고합니다. 돌아가 부인에게 전하세요. 이 성벽이 왕의 보물은 물론 여러분과 재산을 지켜줄 거라고요. 날아드는 화살을 피해 성벽에 바짝 붙으세요."

노인이 물러가자 갓난아기를 안은 여인이 그 자리로 왔다. "성 위에선 무슨 소식이 있어요? 불쌍한 내 남편을 안심시킬 수 있도록 제대로 말해주세요. 중상을 입고 누워 있는데도, 아기와 절 지키겠다며 갑옷과 창을 내놓으라 졸라대요. 적들이 쳐들어오면 복수심에 불타서 끔찍한 일을 벌일 거라고 떨고 있어요."

"용기 내세요. 지금도, 앞으로도 바빌론 성벽이 부인과 아기를 지킬 겁니다. 성은 높고 튼튼해요. 사다리를 기어오르는 놈들에게 우리 용맹한 수비병들이 끓는 기름을 붓고 고함치는 소리 들리시죠?"

"네, 들려요. 하지만 성문을 쾅쾅 부수려는 소리도 들려요."

"남편에게 가서 전하세요. 성문은 튼튼해 결코 부서지지 않는다고요. 놈들이 기어올라도 우리 병사들이 창으로 맞서 쓰러뜨릴 거예요. 건물 뒤로 조심히 서둘러 가세요."

반자르는 중무장한 증원병이 지나가도록 길을 터주었다. 쇠로 덜걱이는 청동 방패를 멘 그들이 묵직한 발걸음으로 행군할 때, 한 소녀가 그의 허리띠를 잡아당겼다.

"아저씨, 우리 안전한 거죠? 무서운 소리가 나요. 피 흘리는 사람들이 보여요. 너무 무서워요. 우리 가족, 엄마, 어린 남동생, 아기는요?" 노병 반자르는 아이를 내려다보며 윙크했다.

"얘야, 겁내지 마라. 바빌론의 성벽이 너와 가족을 지켜줄 거다. 백 년 전 세미라미스 여왕께서 너 같은 아이들을 안전히 보호하고자 이 성을 쌓으셨단다. 가서 엄마와 남동생, 아기에게 말해주렴. 바빌론의 성이 우리를 지켜주니 두려워하지 말라고."

반자르 영감은 매일 제자리를 지켰다. 증원병이 올라가고,

싸우러 남고, 부상을 입거나 전사해 실려 내려오는 광경을 지켜보았다. 겁에 질린 백성이 초조하게 몰려들어 성이 버틸 수 있을지 연신 물었다. 그는 노병의 위엄을 갖추고 모든 사람에게 "바빌론 성벽이 그대를 지켜줄 것"이라고 답했다.

적군은 26일간 쉼 없이 공격을 퍼부었다. 반자르 뒤쪽 통로는 부상자의 피로 흥건하고, 오르내리는 발길에 짓밟혀 진창이 됐다. 반자르의 얼굴은 침통함으로 더욱 굳어갔다. 죽은 적병은 날마다 성 앞에 수북이 쌓였다. 밤마다 동료들이 그 시신을 치워 묻었다. 26일 밤에도 소란은 가라앉지 않았다.

다음 날 동이 터오며 평원을 밝히자, 그제야 거대한 먼지 구름을 일으키며 후퇴하는 군대가 보였다.

수비군이 함성을 질렀다. 의심의 여지가 없었다. 성 뒤에서 대기하던 병력도, 거리의 백성도 함성을 질렀다. 함성이 격렬한 폭풍처럼 성 전체를 휩쓸었다.

백성은 집에서 쏟아져 나왔다. 거리는 흥분한 인파로 가득 찼다. 나날이 공포에 짓눌렸던 그들이 기쁨의 함성을 터뜨렸다. 바알 신전 탑 꼭대기에선 승리의 횃불이 타올랐다. 푸른 연기가 승전 소식을 알리려 하늘 높이 피어올랐다.

바빌론 성벽은 다시금 잔혹한 침략자를 물리쳤다. 바빌론의 부를 약탈하고 백성을 강간하고 노예로 삼으려던 자들에게서. 튼튼한 성벽 덕에 바빌론은 그렇게 몇백 년을 견뎌냈다. 벽이 없었더라면 그리 오래 버티지 못했으리라.

바빌론 성벽은 보호받고픈 인간의 욕구와 필요를 여실히 보여준다. 우리 모두의 마음속엔 그런 열망이 있다. 오늘날 그 열망은 어느 때보다 강렬하다. 우리는 그 갈망을 채우고자 든든하고 다양한 제도를 꾸준히 발전시켜 왔다. 요즘엔 보험, 저축, 믿을 만한 투자라는 견고한 성벽의 보호 아래, 누구에게나 닥칠지 모를 예기치 못한 비극에 맞서 자신을 지킬 수 있다.

 The Richest Man In Babylon

적절한 보호 없이는 아무도 자기 자신을 지킬 수 없다.

바빌론의 낙타 상인

배가 고플수록 인간의 정신은 더욱 맑아지고, 음식 냄새에 예민해진다.

아주르의 아들 타카드가 그렇게 느꼈다. 그는 이틀째 정원의 울타리 너머에서 훔친 단 두 개의 무화과 외엔 아무것도 먹지 못했다. 하나 더 따려다 집주인의 호통에 급히 달아났다. 그 부인의 날카로운 비명이 시장을 지나는 내내 귓가에 맴돌았다. 덕분에 진열된 노점 광주리에 담긴 탐스러운 과일을 잡아채지 않고 참을 수 있었다.

바빌론 시장은 먹음직스럽게 생긴 음식들과 구수한 냄새

로 가득했다. 그 풍경을 뒤로하고 그는 여관을 지나 식당 앞을 서성였다. 혹시나 아는 사람, 돈을 빌려줄 사람을 만날 수 있기를 기대하며 말이다. 그 돈만 있다면 무정한 여관 주인도 달라질 것이라 생각했다. 돈이 없다는 이유로 냉대받는 일이 익숙했기에, 그는 간절히 누군가를 만나길 바랐다.

기대와 달리, 뜻밖에도 그는 가장 피하고 싶었던 이와 마주쳤다. 마르고 키 큰 낙타상인 다바시르였다. 그가 조금씩 돈을 빌린 이들 중 가장 껄끄러운 상대였다. 약속한 날짜에 갚지 못했기 때문이다.

다바시르는 그를 보고 얼굴이 밝아졌다. "어이, 타카드 아닌가. 한 달 전 빌려간 동전 두 닢, 그 전에 꾸어 간 은화 한 닢을 받아야 할 그 친구 말이야. 잘 만났네. 오늘 당장 그 돈을 받아야겠어. 어때, 친구? 어때?"

타카드는 더듬거리며 얼굴이 붉어졌다. 배가 너무 고파 노골적으로 말하는 그와 실랑이 벌일 힘도 나질 않았다. "죄송합니다. 정말 죄송해요." 그가 맥없이 중얼거렸다. "그렇지만 오늘은 동전도 은화도 없어서 갚을 수가 없어요."

다바시르가 다그쳤다. "그럼 설마 어려울 때 너그럽게 도와준 자네 아버지 친구에게 몇 닢 안 되는 돈을 갚지 않겠다는 건가?"

"불운이 따라다녀 갚을 길이 없습니다."

"불운이라니! 자네 나약함을 신의 탓으로 돌리는 건가? 갚을 생각은 않고 빌릴 궁리만 하는 자에겐 불운이 따르기 마련이지. 자, 나는 뭘 먹어야 하니 식당으로 가세. 허기가 져서 말이야. 자네에게 들려줄 이야기가 있네."

타카드는 인정사정없이 솔직한 다바시르의 말에 움찔했지만, 군침만 삼키다 어쨌든 식당에라도 들어설 수 있었다. 다바시르는 그를 한쪽 구석으로 데려가 작은 양탄자에 앉혔다. 식당 주인 카우스코르가 웃으며 다가오자 다바시르가 늘 그렇듯 거침없이 별명을 불렀다. "통통한 사막의 도마뱀 씨, 육즙 가득한 갈색 염소다리 하나와 빵, 갖은 채소를 가져오게. 배고파 죽을 지경이야. 내 친구도 잊지 말고. 그에겐 물주전자 하나 갖다주시오. 날이 더우니 시원한 물이 좋겠네."

타카드의 마음이 무너졌다. 저 낙타상인이 염소다리를 게걸스레 먹는 걸 지켜보며 자기는 물만 마셔야 한단 말인가. 할 말을 잃었다. 입을 뗄 말이 떠오르지 않았다. 그러나 다바시르는 침묵이란 걸 모르는 사람이었다. 그는 알고 지내는 다른 손님들에게 활짝 웃으며 인사를 건넸다.

"방금 우르파에서 돌아온 여행자가 재밌는 이야기를 들려줬어. 아주 얇게 깎아 투명한 돌을 가진 부자 얘기였지. 그 부자가 비가 들이치지 않게 하려고 창틀에 그 돌을 끼웠다나? 듣자 하니 그 돌은 노랗다던데. 여행자가 허락을 받고 그 돌을 통해 밖을 내다보니, 실제와 완전히 딴판으로 보였다지 뭔가. 타카드, 그 얘기 어떻게 생각하나? 누군가에겐 세상이 완전히 다른 색으로 보일 수도 있을까?"

타카드는 다바시르 앞에 놓인 육즙 가득한 좋은 염소다리에 정신이 팔렸지만, "그럴 수도 있겠죠"라고 건성으로 대꾸했다.

"맞아. 나도 한때 세상을 실제와 전혀 다른 색으로 바라봤던 적이 있어. 어떻게 제정신을 차렸는지 말해주려고 해."

옆자리에서 식사 중이던 사람이 곁에 앉은 이에게 "다바시르가 이야기를 시작하려나 봐"라고 귓속말했다. 다른 식객들도 자리를 옮겨와 반원 모양으로 둘러앉았다. 그들이 음식을 우물거리는 소리가 타카드의 귀에 거슬렸고, 뜯어낸 뼈들이 그의 몸을 찌르는 것 같았다. 타카드 혼자 먹을 음식이 없었다. 다바시르는 같이 먹자는 권유는커녕, 빵 부스러기가 접시에서 바닥으로 떨어져도 먹으라고 손짓조차 하지 않았다.

다바시르는 염소다리를 한입 크게 물어뜯으려고 잠시 말을 멈췄다가 입을 열었다. "젊은 시절, 내가 어떻게 낙타상인이 되었는지 이야기하려고 하네. 내가 한때 시리아에서 노예로 살았다는 걸 아는 사람이 있는가?"

사람들이 놀라서 웅성거리는 소리를 들으며 다바시르가 흡족해했다. 그는 염소다리를 또 한 번 우악스럽게 뜯어 먹고는 이야기를 이었다.

"젊은 시절, 나는 아버지의 가업인 안장 만드는 일을 배웠네. 아버지 가게에서 함께 일하며 아내도 얻었지. 그러나 어리고 미숙해 돈을 많이 벌진 못했어. 훌륭한 아내와 겨우 먹고살 정도였지. 허나 내 형편으론 감당 못할 비싼 물건들을 많이 탐했네. 얼마 지나지 않아 가게 주인들이 외상을 해준다는 걸 알게 됐지. 당장 갚지 못해도 나중에 갚으리란 믿음에서 말일세.

젊고 경험 없는 자가 벌이보다 많이 쓰면 방종에서 시작해 괴로움과 치욕의 소용돌이에 빠진다는 걸 몰랐어. 그래서 멋진 옷, 아내 선물, 값비싼 가구를 마음껏 사들였네.

한동안은 순조로웠어. 가능한 한 외상을 갚아 나갔거든. 그러나 먹고살면서 빚까지 갚긴 역부족이란 걸 깨달았지. 채권자들이 사치품값을 내라며 쫓아다녔고, 내 삶은 비참해졌어. 친구들에게 빌린 돈도 갚을 수가 없었어. 상황은 점점 더 나빠졌어. 아내는 친정으로 돌아갔고, 나는 바빌론을 떠나 젊은이에게 더 나은 기회가 있는 다른 도시로 가기로 했지.

이후 2년간 낙타에 짐 싣는 일을 도우며 쉴 새 없이 일했지만 벌이는 시원찮았네. 그러다 사막을 떠도는 약탈단에 합류했네. 무장 없는 상인을 노리고 약탈하는 강도들이었어. 아버지의 자식으로 해선 안 될 부끄러운 일이었지만, 욕망에 눈이 멀어 내 타락을 자각하지 못했지.

처음엔 금, 비단, 값진 물건을 잔뜩 빼앗아 기니르에서 팔아 흥청망청 써버렸어. 두 번째는 운이 좋지 않았어. 사막에서 상인을 습격하자마자 창을 든 원주민의 역습을 받은 거야. 상인이 부족장에게 돈을 주고 호위를 의뢰한 거였어. 무리를 이끌던 두 명은 죽임을 당했고, 나머지는 다마스쿠스로 끌려가 옷을 빼앗기고 노예로 팔렸어.

나는 시리아 사막의 부족장에게 은화 두 닢에 팔렸어. 머리를 빡빡 깎고, 아랫도리에 천 쪼가리 하나 걸쳤으니 다른 노예들과 별로 다르지 않았지. 젊은 혈기에 나는 그런 상황도 그저 또 하나의 모험쯤으로 여겼는데, 그때 주인이 나를 네 명의 아내 앞에 세우더니 거세해 하인으로 부리겠느냐고 묻는 거야.

그제야 내 절망적 처지를 깨달았어. 사막에서 사는 이 사람들은 사납고 호전적이었어. 무기도, 탈출할 방법도 없으니 무조건 그들의 뜻을 따라야 했지. 네 여인의 품평에 벌벌 떨며 서 있었네. 그들이 나를 동정해줄지 궁금했어. 첫째 부인 시라는 나이가 좀 들어 보였어. 무표정한 얼굴로 날 쳐다보길래 희망을 접고 눈을 돌렸지. 둘째 부인은 오만한 표정의 미인이더군. 내가 지렁이라도 되는 듯 차갑게 바라보았지. 그보다 어린 둘은 흥미로운 구경거리라도 된 양 킥킥댔어.

결정이 내려지기를 기다리며 초조하게 서 있는 그 잠깐의 시간이 100년 같았어. 각자 다른 이가 알아서 하길 바라는 듯 했지. 마침내 시라가 차갑게 큰 소리로 말했어.

'하인은 많아도 낙타지기는 부족한데다 그마저도 서툴러요. 앓는 어머니를 보러 가야 할 텐데 믿고 맡길 만한 낙타지기

가 없네요. 낙타를 몰 줄 아는지 저 노예에게 물어보세요.'

주인이 즉시 내게 '낙타에 대해 아는 게 있느냐?'고 물었어. 간절함을 감추며 나는 '낙타에 짐 싣고, 지치지 않게 먼 길을 인도할 수 있습니다. 안장도 고칠 수 있죠'라고 답했지. 주인은 '이 노예가 정말 거침없이 말도 잘하는군. 시라, 그대가 원한다면 자네 낙타를 맡기도록 하지'라고 했어.

그렇게 하여 나는 시라의 낙타지기가 됐네. 그날로 병든 어머니를 만나러 가는 시라를 위해 낙타를 몰고 먼 길을 떠났지. 기회를 놓치지 않고 시라에게 감사를 전했어. 나는 태어날 때부터 노예가 아니라 바빌론의 안장장이 자유민의 아들이라고, 그간의 삶을 낱낱이 털어놓았네. 이에 대한 그녀의 대답은 뜻밖이었고, 오랫동안 곱씹게 됐지.

'나약해서 이 신세가 되고도 어떻게 자신을 자유민이라 할 수 있겠는가? 노예 근성을 지닌 자는 그 어떤 신분으로 태어나도 물이 아래로 흐르듯 자연스럽게 노예가 될 수밖에 없다. 반면 자유인의 혼을 간직한 이는 아무리 운이 나빠도 살아가는 곳에서 존경받는 훌륭한 사람이 될 것이다.'

나는 1년 넘게 노예로 살았어. 그러나 그들과 어울리지 못했지. 어느 날 시라가 물었어. '다른 노예들이 어울려 즐길 때도 자네는 천막에서 홀로 있더군. 왜지?' 내가 대답했네. '부인의 말씀을 곰곰 생각하고 있습니다. 제게 노예근성이 있는지 자문하고 있어요. 전 그들과 어울릴 수가 없습니다. 그래서 홀로 있는 겁니다.'

부인이 말했어. '나도 그와 비슷해. 내 지참금이 많아 남편이 날 취한 거야. 어느 여자든 사랑받기를 바라지만, 그는 나를 원하지 않아. 그래서 아이를 낳지 못하고 외로이 살아. 내가 남자로서 이런 노예 신세였다면 죽어버렸을 거야. 허나 우리 풍습이 여자를 노예 취급하니 어쩔 도리가 없구나.'

다바시르가 갑자기 부인에게 물었어. '지금은 저에 대해 어떻게 생각하세요? 내가 자유인의 정신을 가졌나요 아니면 노예근성 그대로인가요?'

그러자 부인은 슬쩍 화제를 돌렸다. '바빌론에서 진 빚을 갚을 생각은 있는가?'

'물론입니다. 허나 방도를 모르겠습니다.'

'세월이 흘러도 빚을 갚으려 애쓰지 않는다면 비열한 노예근성을 지닌 것이나 마찬가지야. 정직하게 빚을 갚지 않으면

서 자신을 존중할 수 있는 사람은 없거든.'

'하지만 시리아에서 노예로 사는 내가 뭘 어떻게 할 수 있을까요?'

'시리아에서 계속 노예로 살아, 넌 나약한 놈이니까.'

'전 나약한 자가 아닙니다!' 다바시르가 강하게 반박했다.

'그렇다면 증명해봐.'

'어떻게요?'

'위대한 왕께서 적과 싸우실 때도 가용한 모든 방도와 힘을 다하시지 않나? 네 빚이 곧 네 적이야. 너는 그 적 때문에 바빌론에서 쫓겨났어. 하지만 너는 적들을 내버려 두었고, 그들의 힘은 네가 감당할 수 없을 정도로 너무 커졌어. 남자답게 맞섰다면 물리치고 고향에서 존경받았을 거야. 허나 그들과 싸울 용기가 없었지. 봐, 그래서 네 자존심이 땅에 떨어지면서 시리아에서 노예가 된 거야.'

신랄한 비난에 맞서 마음은 노예가 아니라는 사실을 증명할 말을 찾느라 머리를 쥐어짰으나, 실제로 입 밖에 낼 기회는 없었어. 그리고 3일 뒤, 하녀가 나를 여주인 시라에게 데려갔어.

어머니가 또 앓고 계신다. 주인의 낙타 중 가장 건장한 두 마리에 안장을 얹어라. 먼 길을 떠날 터이니 물통과 큰 자루도 달아라. 천막 주방에서 식량을 챙겨가거라. 나는 낙타에 실을 짐을 챙기면서 하녀가 음식을 얼마나 준비할지 정말 궁금했어. 나는 여주인이 탄 낙타를 끌고, 하녀는 뒤에서 낙타를 타고 따라왔어. 해가 저물 무렵 우리는 여주인 시라의 어머니 집에 도착했어. 여주인은 하녀를 내보낸 후 나에게 말했어.

'다바시르, 너는 자유인의 정신이니, 아니면 노예근성이니?'

'자유인의 정신입니다.' 내가 주장했지.

'이제 네가 그걸 증명할 기회야. 네 주인은 술을 너무 많이 마셨고, 그의 부하들도 취해서 곯아떨어졌어. 그러니 이 낙타들을 데리고 도망쳐. 이 가방 안에는 네 주인의 옷이 들어 있어. 이 옷을 입으면 너의 신분을 숨길 수 있을 거야. 나는 병든 어머니를 찾아갔을 때 네가 낙타들을 훔쳐서 도망갔다고 말할게.'

나는 제안했어. '부인께서는 여왕처럼 고귀한 마음을 가지고 계십니다. 부인이 행복하게 사실 수 있는 곳으로 모시고 가고 싶어요. 그 마음이 간절합니다.' 여주인은 '달아난 아내가 먼 나라의 낯선 사람들 사이에서 행복할 수 있겠어? 어서 네갈 길로 가. 부족한 물과 음식을 가지고 머나먼 길을 떠나는 너

를 사막의 신이 보호해주시길 빌게.'

더는 강권할 수 없어 진심으로 고마움을 전하고, 깜깜한 밤에 떠났어. 낯선 땅에 대해선 아는 바 없으나 바빌론 쪽은 짐작할 수 있었어. 용감하게도 언덕을 향해 사막을 가로지르기 시작했어. 낙타 하나는 내가 타고, 낙타 하나는 끌고 갔지. 주인의 재산을 훔쳐서 도망친 노예가 어떤 끔찍한 운명을 맞을지 알기에 다음날도 내내 발걸음을 재촉했어.

다음 날 오후 늦게, 사람이 도저히 살 수 없는 척박한 곳에 다다랐어. 뾰족뾰족한 바위 때문에 충직한 낙타들이 발에 상처를 입었고, 점점 고통스러워하면서 천천히 걸었어. 사람도 짐승도 보이지 않았고, 모두가 이 험난한 곳을 꺼리는 이유를 잘 이해할 수 있었어.

그때부터 사람이 거의 살지 않는 곳을 지나갔어. 매일매일 터벅터벅 걷는 낙타를 타고 앞으로 나아갔어. 뜨거운 햇볕이 인정사정없이 내리쬐었어. 9일째 저녁, 나는 낙타의 등에서 떨어졌어. '다시 올라탈 기력도 없으니 이 황폐한 땅에서 길을 잃은 나는 분명 죽겠구나'라고 느꼈어.

나는 땅바닥에 그대로 누워 잠들었고, 새벽 햇살이 비추기 시작할 때에야 눈을 떴어. 일어나 앉아 주위를 둘러보니 공기는 쌀쌀했어. 멀지 않은 곳에서 낙타들이 맥없이 널브러져 있었지. 주변에는 바위와 모래, 가시덤불로 뒤덮인, 험난하고 광대한 불모지가 펼쳐졌어. 사람과 낙타가 마실 물이나 먹거리라고는 도대체 어디서도 찾을 수 없었어.

이 평화로운 고요 가운데 죽음을 맞게 될까? 내 육신은 이제 하찮게 느껴졌어. 쩍쩍 갈라지고 피 흐르는 입술, 부어오를 대로 부어오른 혀, 며칠간 굶주려 쪼그라든 빈속…. 전날의 극심했던 고통이 모두 사라졌어. 하지만 내 정신은 어느 때보다 또렷했어.

막막하게 먼 곳을 바라보며 다시 한번 자문했지. '나는 노예근성일까, 자유인의 정신일까?' 그리고 내가 노예근성이라면 체념한 채 모래 위에 쓰러져 죽을 거란 걸, 도망친 노예에 걸맞은 최후를 맞게 되리란 것을 분명히 깨달았어.

자유인의 혼이라면? 기어이 바빌론에 돌아가 자신을 믿어준 이들에게 빚을 갚고, 자신을 진정으로 사랑한 아내를 행복하게 해주고, 부모님께 평안과 위안을 드릴 테지. 시라 부인의 말이 떠올랐다. '네 빚이 바빌론에서 자네를 내쫓은 적이야.'

맞는 말이었다. 나는 왜 남자답게 버티지 못했을까? 나는 왜 아내를 친정으로 보냈을까?

그러자 이상한 일이 벌어졌어. 내가 보는 세상의 색깔이 달라진 거야. 세상을 온통 비현실적으로 물들이던 색안경이 사라진 느낌이었어. 드디어 삶에서 정말 중요한 게 무엇인지 보이기 시작한 거야.

사막에서 죽을 순 없다! 나는 그러지 않을 거야! 새로운 눈으로 내가 해야 할 일을 보았어. '우선 바빌론으로 돌아가 빚을 갚지 못했던 사람들을 모두 만날 거야. 몇 년 동안 방황하고 불운을 겪었지만, 신이 허락하시는 대로 최대한 빨리 빚을 갚기 위해 돌아왔다고 그들에게 말할 거야. 그다음 아내를 위해 다시 가정을 꾸리고, 부모님이 자랑스러워하실 아들이 되어야지'라고 다짐했지.

내 빚은 내 적들이었어. 그러나 내게 돈을 빌려준 사람들은 내 친구들이었고, 그들은 나를 신뢰하고 믿었어. 나는 힘없이 비틀거리며 일어났어. 배고픔이 뭐가 중요해? 목마름이 뭐가 중요해? 그런 것들은 바빌론으로 돌아가는 길에 겪는 어려움일 뿐이야. 적을 물리치고 친구들에게 은혜를 갚기 위해 돌아가겠다는 자유인의 정신이 마음속을 가득 채웠어. 굳은 의지로 몸을 떨었지.

내 결의에 찬 목소리에 게슴츠레하던 낙타들의 눈에도 생기가 돌기 시작했어. 낙타들은 여러 차례 시도하면서 안간힘을 다해 일어났어. 낙타들은 불쌍할 정도로 애를 쓰면서 북쪽을 향해 나아갔어. 어쩐지 북쪽으로 가야 바빌론이 나타날 것 같았거든.

나는 물이 있는 곳을 찾아냈어. 채소와 과일이 자라는 조금 더 비옥한 땅도 지나갔지. 결국 바빌론으로 가는 길을 찾았어. 노예근성을 가진 사람은 '난 그저 노예일 뿐, 무얼 할 수 있겠나?'라고 푸념하겠지만, 자유인의 정신을 가진 사람은 인생에 풀어야 할 숙제가 계속 나타난다 여기고, 그것들을 하나씩 해결해 나가기 때문이지.

타카드, 자네는 어떤가? 배가 텅 비니 머리가 이상할 정도로 맑아지지? 자존감을 되찾을 길로 들어설 준비가 되었어? 세상을 있는 그대로 바라볼 수 있나? 빚이 아무리 많아도 떳떳이 갚고, 다시금 바빌론의 명예로운 시민이 되고 싶은가?"

타카드의 눈시울이 붉어졌다. 그는 힘겹게 몸을 일으키며 말했다. "아저씨 덕분에 세상이 새롭게 보입니다. 벌써 제 마음속에서 자유인의 정신이 솟아오르는 걸 느껴요."

"그래서 돌아와선 어찌 지냈소?" 귀 기울이던 한 사람이 물었다.

다바시르가 답했다.

"확고한 의지만 있다면 길을 찾을 수 있지. 그때 난 결심했고, 방도를 모색하기 시작했어. 바빌론에 돌아오자마자 빚쟁이들을 일일이 찾아가 갚을 돈을 벌 때까지 기다려 달라 호소했지. 대부분은 흔쾌히 만나주었어. 독설을 퍼붓는 이도 있었지만, 도움을 약속하는 이들도 많았지. 그중 하나가 특히 큰 은혜를 베풀었는데, 바로 대금업자 마톤이었어. 내가 시리아에서 낙타를 돌봤단 걸 알고는 날 늙은 네바투르에게 소개해준 거야. 마침 우리 위대하신 왕께서 대원정에 쓸 건장한 낙타를 대량 매입하라고 낙타상 네바투르에게 막 하명하신 참이었지. 나는 네바투르를 보좌하며 낙타에 대한 식견을 유감없이 발휘했어. 그리고 빌렸던 돈을 조금씩 다 갚아 나갔지. 그제야 떳떳이 고개를 들 수 있었네."

다바시르는 음식으로 시선을 돌렸다. 그는 부엌이 들릴 만큼 큰 소리로 외쳤다. "카우스코르, 이 느림보야. 요깃거리가 다 식었잖아. 갓 구운 고기 더 가져오게. 내 옛 벗의 아들 타카드가 먹을 실한 고깃덩이도 챙겨. 이 허기진 친구도 나랑 같이 먹어야지."

고대 바빌론의 낙타상인 다바시르 이야기는 이렇게 끝이 났다. 그가 깨우친 위대한 진리, 그가 살던 시대보다 훨씬 이전부터 현자들이 알고 활용했던 진리 덕에 자유민의 정신을 되찾을 수 있었다. 그 진리는 어느 시대 사람이든 역경에서 벗어나 성공으로 이끌었다. 그리고 그 진리의 마법 같은 힘을 간파할 만한 지혜가 있는 이라면 앞으로도 계속 그리 이끌 것이다. 이 글을 읽는 그대라면 누구든 그 진리를 활용할 수 있다.

The Richest Man In Babylon

굳은 의지가 있다면 길을 찾을 수 있다.

바빌론에서 발굴된 점토판

노팅엄 대학 세인트 스위신 칼리지

뉴어크 온 트렌트, 노팅엄

영국 과학 탐사대의

프랭클린 콜드웰 교수님께,

친애하는 교수님,

교수님께서 최근 바빌론 유적지에서 발굴하신 다섯 개의

점토판이 교수님의 편지와 함께 무사히 도착했습니다. 점토판에 새겨진 글을 해독하는 동안 저는 끊임없는 매력과 즐거움을 느꼈습니다. 교수님의 편지에 즉시 회신하고 싶었으나, 동봉한 해독본을 완성할 때까지 시간이 필요했습니다.

점토판들은 부서지지 않고 잘 도착했습니다. 교수님이 방부제를 사용해 꼼꼼하게 잘 포장해 주신 덕분이지요.

점토판에 담긴 이야기를 보시면 교수님도 저희 연구실 식구들처럼 놀라실 것입니다. 아득한 과거의 이야기라고 하면, 사람들은 주로 연애담이나 모험담을 떠올리곤 합니다. 『아라비안나이트』와 같은 이야기를 떠올리시겠지요. 그러나 이 점토판에는 뜻밖에도 '다바시르'라는 인물이 빚을 갚는 이야기가 기록되어 있습니다. 놀랍게도 5천 년이 흘렀어도 이 고대의 상황이 그다지 달라지지 않았음을 깨닫게 됩니다.

이상하게 들리실지 모르겠으나, 이 오래된 기록들은 학생들의 표현을 빌리자면 저를 놀리는 듯합니다. 대학 교수로서 저는 대부분 주제에 대해 어느 정도 식견을 갖춘 사색하는 인간이 되었다고 여겨왔습니다. 그런데 먼지로 뒤덮인 바빌론 폐허에서 불쑥 나타난 이 옛 친구는 한 번도 들어본 적 없는 빚 청산 방법과 주머니에서 짤랑거릴 금화를 얻는 비결을 전해줍니다.

고고학과 앨프리드 슈루즈베리 드림

1934년 10월 21일

메소포타미아 힐라에서

점토판 1

보름달이 뜬 이 밤, 나 다바시르는 내 원대한 꿈을 이루는 데 이정표와 원동력이 될 것들을 이 점토판에 영원히 남긴다. 나는 막대한 빚을 모두 갚고 고향 바빌론에서 명망 있는 부자가 되리라 결심하고, 노예로 일하던 시리아를 탈출해 막 귀향했다.

　나는 대금업자이자 절친한 벗인 마톤의 현명한 조언을 새겨듣고, 그가 일러준 확실한 방법을 실천하기로 마음먹었다. 명예를 소중히 여기는 이라면 누구나 빚에서 벗어나 자존감을 회복하고 부자가 될 수 있게 해주는 방법이다.

이 방법에는 내 꿈과 희망인 세 가지 목표가 녹아 있다.

첫째 방법에는 앞으로 풍요롭게 살겠다는 목표가 담겨 있다. 그래서 내가 버는 모든 수입의 10분의 1은 따로 떼어 모으려고 한다. 마톤은 이렇게 현명하게 충고했다. "쓰고 남은 금과 은을 주머니에 간직한 사람은 가족을 위해 좋은 일을 하고 왕에게 충실한 신하다. 주머니에 동전 몇 닢밖에 없는 자는 가족과 왕에게 무심한 자다. 주머니에 한 푼도 없는 자는 가족에게 무책임하고 왕에게도 불충한 자다. 우선 자신의 마음이 궁색해진다. 그러니 성공을 원하는 사람은 주머니에서 쨍그랑 소리가 날 만큼 동전을 갖고 있어야 한다. 가족에 대한 사랑과 왕에 대한 충성이 깃든 돈 말이다."

둘째 방법에는 나를 믿고 친정에서 돌아온 훌륭한 아내를 의식주 걱정 없이 살게 해주겠다는 목표가 스며 있다. 마톤에 따르면 충실한 아내를 잘 보살피면 남자의 마음에 자존감이 싹트고, 목표를 향한 굳은 의지와 용기도 자란다고 한다.

그래서 우리의 삶에서 기쁨과 즐거움이 사라지지 않도록, 내가 버는 수입의 10분의 7로는 우리가 살 집과 옷, 먹을 양식 그리고 약간의 여윳돈을 마련하고자 한다. 그러나 아무리 의미 있는 일이라도 버는 돈의 10분의 7 이상은 쓰면 안 된다고 마톤은 특히 강조했다. 이 방법의 성패는 여기에 달려 있다. 나는 수입의 10분의 7로 생계를 꾸려나가되, 절대로 그 이상을 지출해서는 안 된다.

점토판 2

셋째 방법에는 내가 번 돈으로 빚을 갚겠다는 목표가 담겨 있다. 수입의 10분의 2는 나를 믿고 돈을 빌려준 이들에게 공평히 나누어 보름달이 뜰 때마다 갚으려 한다. 이렇게 하면 머지않아 모든 빚을 확실히 청산할 수 있다.

그래서 내가 빚을 진 모든 사람 그리고 빚진 금액을 이 점토판에 정직하게 새긴다.

옷감 짜는 파루, 은화 2냥, 동전 6냥

침상 만드는 시자르, 은화 1냥

내 벗 아마르, 은화 3냥, 동전 1냥

내 벗 잔카르, 은화 4냥, 동전 7냥

내 벗 아스카미르, 은화 1냥, 동전 3냥

보석 세공사 하린시르, 은화 6냥, 동전 2냥

아버지의 친구 디아르베케르, 은화 4냥, 동전 1냥

집주인 알카하드, 은화 14냥

대금업자 마톤, 은화 9냥

농부 비레지크, 은화 1냥, 동전 7냥

[여기부터는 부서져 해독 불가]

점토판 3

나는 이 채권자들에게 총 은화 119냥과 동전 141냥을 빌렸다. 이처럼 거액을 빚지고도 갚을 길이 없자, 어리석게도 아내를 친정에 보내고 타지에서 쉽게 돈을 벌려 했다. 결국 더 큰 화를 자초해 노예로 팔리는 신세가 되었다.

이제 마톤이 내 수입에서 조금씩 빚을 갚아 나갈 수 있는 방법을 가르쳐주는 걸 들으면서 내가 낭비로 빚을 내고 달아난 게 얼마나 어리석은 짓이었는지 깨달았다. 그래서 나는 채권자들을 일일이 찾아다니며, 내겐 노동 외엔 별다른 자산이 없으나 버는 돈의 10분의 2씩 떼어 공평하고 정직하게 빚을 청산해 나가겠노라 설득했다. 이 정도면 천천히 갚아낼 수 있으나 그 이상은 버겁다고 말했다. 인내심을 가지고 기다려준다면 제때에 내 빚을 모두 갚겠다고 약속했다.

가장 좋은 친구라고 생각했던 아마르는 내게 심한 욕을 했고,

나는 수치심을 느끼며 그와 헤어졌다. 농부 비레지크는 돈이 절실하게 필요하다며 그의 돈을 가장 먼저 갚아달라고 간곡히 부탁했다. 집주인 알카하드는 사실 무례했고, 내가 그의 돈을 곧장 모두 갚지 않으면 괴롭히겠다고 으름장을 놓았다.

다른 채권자들은 내 제안을 기꺼이 받아들였다. 그래서 빚을 피하기보다 제대로 갚는 게 낫다는 걸 확신하면서, 그 어느 때보다 강한 결의가 솟구쳤다. 몇몇 채권자들의 필요와 욕구를 다 채워줄 순 없겠지만, 모든 채권자에게 공평하게 갚아 나가리라 다짐했다.

점토판 4

다시 밝은 보름달이 떴다. 나는 자유로운 마음으로 열심히 일했다. 훌륭한 아내는 채권자들에게 빚을 갚아 나가겠다는 내 뜻을 이해하고 뒷바라지해 주었다. 현명하게 결심한 덕에 나는 지난 한 달 동안 네바투르를 위해 다리가 튼튼하고 건강한 낙타들을 사들이면서 은화 19냥을 벌었다.

나는 계획대로 그 돈을 나누었다. 10분의 1은 저금하고, 10분의 7은 아내에게 생활비로 주었다. 나머지 10분의 2는 동전까지 꼼꼼이 나눠 채권자들에게 변제했다.

아마르는 만나지 않고 그의 부인에게 전달했다. 비레지크는 한 없이 기뻐하며 내 손에 입을 맞추었다. 늙은 알카하드만 언짢은 표정으로 더 서둘러 갚으라고 닦달했다. 나는 그들에게 내가 걱정 없이 생활하면서 일하면 더 빨리 갚을 수 있노라 응수했다. 나머지 채권자들은 내게 고마워하면서 내 노력을 칭찬해주었다.

한 달이 지나자 내 빚 중 거의 은화 4냥이 줄어들었고, 거의 은화 2냥을 저축했다. 내 마음은 오랜만에 어느 때보다 가벼워졌다.

다시 보름달이 뜰 때까지 열심히 일했지만, 돈을 많이 벌지는 못했다. 내가 살 수 있는 낙타는 거의 없었다. 그저 은 11냥을 벌었을 뿐이다. 아내와 나는 옷을 새로 사지 않고 채소만 조금 사 먹으면서 원래 계획대로 살았다. 역시 은 11냥의 10분의 1은 저축하고, 수입의 10분의 7로 생활을 해결했다. 적은 돈인데도 빚을 충실히 갚고 있다고 아마르가 칭찬하자 놀랐다. 비레지크도 칭찬해줬다. 알카하드는 노발대발했으나, 원치 않는다면 그의 몫은 주지 않겠노라 하니 받겠다고 했다. 다른 이들은 지난달처럼 만족해했다.

다시 보름달이 뜰 때는 아주 기뻤다. 훌륭한 낙타 떼를 찾아내 좋은 낙타들을 많이 샀기 때문이다. 은 42냥의 수입을 올렸다. 그 달에 아내와 나는 꼭 필요했던 신발과 옷을 샀다. 그리고 쇠고기나

돼지고기를 실컷 먹었다. 채권자들에게는 은화 8냥 이상을 갚았다. 이번에는 알카하드조차 불평하지 않았다.

빚에서 벗어나 부자가 되는 그 방법은 대단한 힘을 발휘했다. 점토판에 마지막으로 글을 새긴 지 석 달이 지났다. 매달 번 돈의 10분의 1을 저축하고, 벌이가 시원찮을 때에도 아내와 나는 10분의 7로 살며 10분의 2로 빚을 갚았다.

이제 내 주머니에는 은화 21냥이 모였다. 덕분에 고개를 들고 친구들 앞에서 당당히 걸을 수 있게 되었다. 아내는 집안일도 잘하고 옷도 잘 차려입는다. 우리는 함께 사는 게 행복하다. 그 방법에는 말로 다 할 수 없는 가치가 있다. 노예였던 이를 훌륭한 사람으로 만들어주니 말이다.

점토판 5

다시 보름달이 떠올랐을 때, 그 점토판에 글을 새긴 지 꽤 됐다는 걸 깨달았다. 정확히는 열두 달이 흘렀다. 오늘 마지막 빚까지 다 갚았기에 이 사실을 기록하지 않을 수 없었다. 이날 나와 아내는 우리의 결심을 이뤄낸 걸 감사하며 성대한 잔치를 벌였다.

마지막으로 채권자들을 찾아가 빚을 갚을 때 기억에 남을 만한 일들이 있었다. 아마르는 예전에 친절하지 못했다며 사과하고, 사실은 내가 제일 좋은 친구 중 하나였다고 말했다.

늙은 아카하드도 끝까지 못되게 구는 건 아니었다. "자네는 한때 누구나 주물러 모양 잡을 수 있는 물렁한 진흙 같았어. 하지만 이제는 단단한 청동 조각상 같군. 은화나 금화가 필요하면 언제든 날 찾아오게"라며 말했다.

아카하드뿐 아니라 많은 이들이 나를 높이 평가했다. 훌륭한 아내가 반짝이는 눈으로 날 우러러보니 남자로서의 자신감도 생겼다. 그 방법 덕에 목표를 이룰 수 있었다. 빚을 다 갚고도 돈주머니를 꽉 채운 금화와 은화가 댕그랑댕그랑 소리를 냈다. 나는 부자가 되고 싶은 모두에게 이 방법을 추천한다. 노예였던 자도 빚을 갚고 주머니에 금화를 채울 수 있다면, 그 누구라도 남에게 의지하지 않고 살 수 있을 것이다. 하지만 나는 거기서 멈추지 않았다. 이대로 계속 노력하면 진정한 부자가 될 수 있으리라 확신했기 때문이다.

노팅엄 대학 세인트 스위신 칼리지

뉴어크 온 트렌트, 노팅엄

영국 과학 탐사대의

프랭클린 콜드웰 교수님께,

친애하는 교수님,

바빌론 유적을 계속 발굴하시다 혹시 오래전 그곳에 살았던 다바시르라는 낙타 상인의 유령을 만나시면, 그에게 감사 인사를 꼭 전해주십시오. 그가 아주 오래전 점토판에 남긴 글 덕분에 영국에 사는 저희 교수 부부가 빚더미에서 벗어날 수 있었습니다. 그 은혜를 평생 잊지 않고 감사할 것입니다.

교수님께서는 제가 1년 전 보냈던 편지를 기억하실 겁니다. 아내와 저는 빚을 청산하고 저축까지 하려는 계획이라고 말씀드렸죠. 우리의 곤궁함을 친구들에겐 숨기려 애썼지만, 교수님께는 숨김없이 털어놓았습니다.

쌓인 빚이 너무 많아 끔찍하게 부끄러웠고, 일부 채권자들은 소문을 퍼뜨려 대학에서 쫓겨나게 하겠다고 위협해 두렵고 불안했습니다. 우리는 벌어들인 돈에서 한 푼이라도 더 갚기 위해 애썼지만, 빚을 내지 않고는 살아가기조차 벅찼습니다. 게다가 외상으로나마 물건을 파는 곳은 값이 비쌌죠.

사정은 좀처럼 나아지지 않고 오히려 빚만 불어났습니다. 아무리 발버둥 쳐도 절망만 깊어지는 악순환이었죠. 집주인에게도 빚이 있어 싼 월세방으로 옮길 수조차 없었습니다. 이 상황을 타개할 방도가 보이지 않았습니다.

바로 그때 바빌론의 낙타 상인이 남긴 점토판을 발견했습니다. 우리의 목표 달성에 도움이 될 훌륭한 방법이 담겨 있었죠. 그의 방식을 따라 모든 빚의 목록을 만들어 채권자들에게 보여주었습니다.

채권자들 앞에서 현재 방식으로는 빚 상환이 불가능함을 설명했습니다. 총 빚액을 공개하고, 매달 수입의 20퍼센트로 빚을 갚으면 2년 조금 넘어 모두 청산할 수 있다고 강조했어요. 또한 현금 거래로 물건값을 절약하겠다고 약속했습니다.

돈이 충분히 모이자 수익률을 높일 방법을 찾았습니다.

매달 10퍼센트의 수익을 올릴 수 있는 곳에 투자했고, 이는 우리의 재정적 재기에 결정적이었습니다.

투자금이 꾸준히 늘어나는 모습이 든든합니다. 은퇴 무렵엔 그 수익만으로 여유로운 노후를 보낼 수 있을 것 같아요. 빚은 줄고 투자 자산은 늘어나고 있습니다. 수입의 70퍼센트로도 잘 살면서 재정 상태가 크게 개선되었어요. 계획적인 삶이 이렇게 큰 차이를 만들 줄 몰랐습니다.

채권자들은 정말 너그럽게 제안을 받아들여줬어요. 연로하고 현명한 단골 야채가게 주인은 다른 이들을 설득하는 데 힘을 보태주기까지 했죠. "교수님이 현금으로만 사고, 조금씩 빚을 갚아간다면 지금보다 훨씬 나아질 거요. 3년 안에 모두 청산하실 수 있을 거예요."

결국 채권자 전원이 수입의 20퍼센트를 매달 꼬박꼬박 납부하는 조건으로 우리를 더는 괴롭히지 않기로 합의했어요. 다음으로 우리는 나머지 70퍼센트로 어떻게 살아갈지 세부적인 계획을 짜기 시작했죠. 그리고 10퍼센트는 틀림없이 저축하기로 마음먹었어요. 점차 은화, 나아가 금화까지 모을 생각에 가슴이 설렜죠.

그것은 삶을 개선하는 도전과도 같았어요. 70퍼센트 예산으로 알뜰하고도 편안하게 살 궁리를 하는 게 즐거웠죠. 먼저 집세를 적정선까지 깎는 데 성공했고요. 그리고 그동안 애용하던 값비싼 홍차 대신 저렴하면서도 품질 좋은 홍차를 고를 수 있다는 사실을 알고 깜짝 놀라며 좋아했죠.

편지로 다 쓰기엔 너무 길지만, 어쨌든 쉽진 않았어요. 꽤 빠듯하게 살았지만 그마저도 즐기는 법을 배웠지요. 빚 걱정 없이 그렇게 사는 것만으로도 얼마나 마음이 편해지는지 깨달았습니다. 남은 10퍼센트를 어떻게 활용했는지도 꼭 말씀드려야겠어요. 비웃지 마세요. 아시다시피 그게 가장 흥미진진한 부분이거든요. 돈을 모으기 시작하는 일은 정말 재미있어요. 쓰는 것보다 저축하는 게 더 즐겁더라고요.

충분한 돈이 모이자 수익률을 높일 방법을 찾아냈습니다. 매달 10퍼센트씩 수익을 올릴 수 있는 곳에 투자할 수 있었습니다. 그것이 우리가 재정적으로 재기하는 데 결정적인 역할을 했습니다.

투자금이 꾸준히 불어나는 모습이 정말 든든하고 뿌듯해요. 교수직에서 은퇴할 무렵엔 적잖은 금액으로 늘어나 그 수익만으로 여유로운 노후를 보낼 수 있을 거예요. 놀랍게도 빚은 줄어들고, 동시에 투자 자산은 늘어나고 있습니다. 수입의 70퍼센트로도 잘 살면서 이전보다 재정 상태가 훨씬 좋아졌어요. 아무렇게나 살 때와 계획적으로 살 때의 차이가 이렇게 클 줄 누가 상상이나 했겠어요?

내년 말 모든 빚을 청산하고 나면, 여유자금으로 여행도 다니고 투자도 더 늘릴 생각이에요. 다시는 수입의 70퍼센트 이상을 생활비로 쓰지 않겠다고 굳게 다짐했죠.

이제 제가 왜 그 옛날 낙타 상인에게 감사 인사를 전해달라 부탁하는지 이해하시리라 믿습니다. 그의 지혜를 따르면서 우리는 지옥에서 빠져나올 수 있었으니까요.

그는 빚더미에 올라앉아 노예로 살다가 깨우침을 얻고 부자가 되었습니다. 자신의 쓰라린 경험을 나누며 다른 이들에게 도움을 주고 싶어 했지요. 그래서 집요하게 점토판에 자신의 이야기를 남겼던 것입니다.

그에겐 자신과 같은 곤경에 빠진 이들에게 꼭 들려주고 싶은 이야기가 있었던 것이지요. 그의 메시지는 너무나 강력해서 5천 년이 흘러 바빌론 폐허에서 발굴된 지금도 옛날과 다름없이 큰 영향력을 발휘하고 있습니다.

고고학과 앨프리드 슈루즈베리 올림

1936년 11월 7일

메소포타미아 힐라에서

바빌론에서 운이 가장 좋은 남자

바빌론의 거상 샤루 나다가 대열의 맨 앞에서 우아하게 말을 타고 있었다. 멋진 옷을 좋아하는 그는 어울리는 고급 의상을 차려입고, 활기찬 아라비아 종마 위에 편안히 앉아 있었다. 그의 모습만 봐서는 이전에 어떤 삶을 살았는지, 어떤 시련을 겪었는지 짐작하기 어려울 정도였다.

　다마스쿠스에서 오는 길은 멀고 험해 사막을 건너며 많은 어려움이 따르지만, 그는 아랑곳하지 않았다. 사막의 아랍 부족은 사나운 데다 부유한 상인을 노리고 있었으나, 말 탄 경호원들의 보호 아래 그는 두려움 없이 길을 갔다.

오히려 그의 고민은 옆에 있는 젊은이에게 있었다. 다마스쿠스에서 데려온 청년은 예전 동업자 아라드 굴라의 손자 하단 굴라였다. 아라드 굴라에게 과거에 큰 은혜를 입은 터라 그 손자에게 뭔가 해주고 싶었지만, 청년의 태도를 볼수록 쉽지 않을 것 같았다.

반지와 귀걸이로 치장한 청년의 모습이 가장 먼저 눈에 들어왔다. '외모는 할아버지처럼 듬직한데, 저렇게 장신구를 달아야 한다고 여기나 보군. 할아버지는 그렇게 요란한 옷차림을 하진 않으셨어. 유산을 탕진한 아버지의 길을 가지 않도록 이끌어주고 싶었는데…' 하며 이런저런 생각에 잠겼다.

그때 하단 굴라가 불쑥 물었다. "어르신은 왜 항상 먼 길을 말 타고 다니며 고생하세요? 인생을 즐길 틈도 없잖아요?"

그 말에 샤루 나다는 웃으며 되물었다. "인생을 즐긴다고? 자네라면 어떻게 즐길 건가?"

"전 어르신처럼 부자가 되면 귀족처럼 살 거예요. 뜨거운 사막을 말 타고 다니지는 않을 거고요. 주머니에 들어오는 돈을 모조리 쓸 거예요. 최고급 옷을 입고 값진 보석으로 치장하면서 말이에요. 그게 제 취향이고 멋진 인생이라고 봅니다."

청년의 대답에 둘 다 웃음을 터뜨렸다.

그러자 샤루 나다가 말했다. "자네 할아버지는 장신구를 전혀 하지 않으셨어." 이어 농담조로 덧붙였다. "그리고 일할 시간은 없겠군?"

하단 굴라는 "일은 노예들이 하면 되죠" 하고 받아쳤다.

샤루 나다는 입술을 깨물었지만, 더 말하지 않고 묵묵히 말고삐를 잡았다. 언덕 꼭대기에 이르러 고삐를 당기고 저 멀리 푸른 골짜기를 가리켰다. "골짜기가 보이나? 저 아래로 바빌론 성벽이 희미하게 보일 걸세. 저 탑이 바알 신전이야. 눈이 좋다면 꼭대기의 영원한 불꽃에서 피어오르는 연기도 보일 거야."

"저기가 세상에서 가장 부유한 도시 바빌론이군요. 꼭 한번 가보고 싶었습니다. 할아버지가 처음 재산을 일구기 시작한 곳이잖아요. 할아버지가 계셨다면 우린 이렇게 궁색하진 않을 텐데요." 하단 굴라가 아쉬움을 토로했다.

"자꾸 돌아가신 할아버지 타령인가? 자네와 자네 아버지가 물려받은 재산을 잘 꾸려나갈 수도 있었을 텐데."

"안타깝게도 저희는 할아버지 같은 재능이 없어요. 할아버지가 어떻게 그렇게 돈을 모으셨는지 그 비결이 궁금해요."

샤루 나다는 대답 대신 생각에 잠겨 골짜기를 향해 말을 몰았다. 그의 뒤로 상인들이 붉은 먼지를 일으키며 따랐다. 이윽고 그들은 왕의 대로에 이르러 관개 농지를 끼고 남쪽으로 방향을 틀었다.

그때 쟁기질하는 세 노인이 그의 눈에 들어왔다. 묘하게 낯이 익었다. 40년 전 이곳을 지났을 때 본 사람들이 아직 저기 있다니, 웃음이 나왔다. 한 노인은 쟁기를 허술하게 잡고 있었고, 나머지 둘은 황소 옆에서 터벅터벅 걸으며 막대기를 휘두르며 황소에게 겁을 주고 있었다.

40년 전 샤루 나다는 그들의 처지가 부러웠다. 그러나 지금은 사정이 달랐다. 그는 뒤따르는 상인들과 값진 물건을 잔뜩 실은 낙타, 당나귀 행렬을 흐뭇하게 바라보았다. 그 정도도 그의 재산 중 일부에 지나지 않았다.

"이 노인들 봐. 40년 전이나 지금이나 여전히 저렇게 밭을 갈고 있어." 샤루 나다가 말했다.

"땅을 가는 노인들이 보이는데요. 그런데 왜 40년 전에 본 사람들이라고 생각하세요?"

"40년 전 내가 이 어르신들이 밭 가는 걸 봤거든."

옛 기억이 샤루 나다의 머릿속을 스쳐 지나갔다. 과거는 묻어두고 현재에 충실하게 살면 안 되는 걸까. 그때 아라드 굴라의 웃는 얼굴이 떠올랐다. 그러자 곁에 있는 냉소적인 젊은이와의 벽이 무너지는 듯했다.

하지만 이렇게 사치를 좋아하고 일하기 싫어하는 청년을 어떻게 도울 수 있을까? 일하려는 자에겐 일자리가 제법 있었다. 그러나 자신이 너무 고귀해 일을 할 수는 없다고 여기는 사람에게 무슨 일을 맡기랴. 그래도 아라드 굴라에 대한 빚을 갚아야 했다. 대충 얼버무릴 일이 아니었다. 그들은 절대 그런 식으로 일하지 않았다.

곧바로 묘안이 떠올랐다. 우려되는 점도 있었다. 자신의 가족과 명예를 걸고 내리는 결정이었다. 가족에겐 가혹한 일일 수도 있었다. 그러나 샤루 나다는 결단이 빠른 사람이었다. 걱정을 떨쳐내고 실행에 옮기기로 했다.

"자네 훌륭하신 할아버지와 내가 어떻게 동업해서 그렇게 큰돈을 벌었는지 듣고 싶지 않나?" 그가 물었다.

청년은 얼버무리며 "그냥 돈 버는 비결만 알려주시면 돼요. 전 그게 알고 싶어요"라고 했다. 샤루 나다는 그 말을 무시하고 이야기를 이어갔다.

"저 쟁기질하는 사람들 얘기부터 해야겠군. 내가 자네 나이쯤 되었을 때였지. 농부 출신 메기도가 그들 옆을 지나며 형편없는 쟁기질이라고 비웃었어. 메기도는 나와 함께 사슬에 묶여 걷고 있었지. 늙었지만 노련한 사람이었어. '쟁기 잡은 놈은 깊이 팔 생각도 않고, 황소 모는 자들은 고랑에서 어긋나지 않게 하려 들지도 않아. 저 따위로 밭을 갈아놓고 무슨 수확을 바라나?' 하고 혀를 찼지."

"방금 메기도가 어르신과 사슬로 묶여 있었다고요?" 하단 굴라가 놀라 물었다.

"그랬지. 우리는 쇠사슬로 목걸이를 한 채 묶여 있었어. 메기도 옆엔 양 도둑 자바드가 있었고, 내 옆에는 해적이라 불렸던 자가 있었어. 자기 이름을 대지 않아 그렇게 불렀는데, 아마 선원 출신인 것 같았어. 가슴에 뱀 문신이 있었거든. 그런 문신은 선원들이 많이 하지. 우리 넷이 사슬로 묶여 있어 보조를 맞춰 걸어야 했어."

"그러니까, 어르신이 노예로 사슬에 매여 있었다고요?" 하단 굴라가 믿기 어렵다는 듯 되물었다.

"내가 한때 노예 생활을 했다는 사실을 자네 할아버지가 이야기하신 적 없나?" 샤루 나다가 물었다.

"할아버지께선 어르신 얘기를 자주 하셨지만, 그런 말씀은 없었습니다."

"자네 할아버지는 속마음까지 털어놓을 만큼 신뢰할 수 있는 분이셨지. 자네 역시 내가 믿을 수 있는 사람이지? 내 판단이 맞나?" 샤루 나다는 청년의 눈을 똑바로 바라보며 말했다.

"제가 비밀을 지킬 거라 믿으셔도 됩니다. 그런데 정말 놀라워요. 어떻게 노예 신세가 되셨는지 말씀해주시겠어요?"

샤루 나다는 어깨를 으쓱이며 대답했다. "누구라도 그럴 수 있어. 나는 도박과 술에 빠진 형 때문에 그렇게 됐지. 무분별한 형 탓에 내가 화를 당한 셈이야. 형은 싸움을 벌이다 사람을 죽였어. 아버지는 어찌어찌 형의 처벌을 면하게 하려다가 결국 내가 죽은 이의 아내에게 넘겨졌어. 아버지가 돈을 못 구하자 그 여자는 화가 나서 날 노예로 팔아버린 거야."

"정말 부당하고 수치스러운 일이었겠군요. 그래도 말씀해주세요. 어떻게 자유의 몸이 되셨나요?"

"그 얘기도 하마. 하지만 지금은 때가 아니야. 내 이야기를 마저 듣게. 우리가 지나갈 때 저 농부들이 비웃더군. 낡은 모자를 벗어 허리 숙여 인사하며 한 놈이 소리쳤어. '왕의 귀한 손님 여러분, 바빌론에 오신 걸 환영합니다. 성벽에서 왕이 기다리고 계십니다. 벽돌과 양파 수프로 잔치 벌일 준비 다 됐습죠.' 놈들은 킬킬대며 요란하게 웃어댔지. 해적은 격분해서 저주를 퍼부었어. 난 그자에게 물었지. '왕이 성벽에서 우릴 기다린다는 게 무슨 뜻이오?'

해적이 대꾸했어. '등이 부러질 때까지 벽돌을 날라야 한다는 뜻이야. 맞아 죽을 수도 있지. 하지만 날 때리진 못할 거야. 내가 놈들을 다 죽일 테니까.'

그러자 메기도가 큰 소리로 말했지. '죽도록 부려 먹을 수 있는 노예를 주인도 함부로 죽이진 않을 거야. 부지런한 노예는 아끼고 잘 대우할걸.'

자바드는 지적했지. '누가 열심히 일하고 싶을까? 저 농부들이 영리한 거지. 허리가 끊어지도록 일하진 않잖아. 일하는 척만 할 뿐이야.'

메기도는 그 말을 반박했어. '그렇게 게으름 피우다간 성공

못 해. 부지런히 많은 밭을 갈면 주인도 알아줄 걸세. 밭을 절 반만 갈면 게으른 거야. 하지만 난 게으름을 피울 생각이 없어. 나는 일 자체를 사랑하니까. 내겐 일만 한 친구가 없었어. 열심히 일한 덕에 농장에 가축, 농작물 등 좋은 것들이 생겼지."

자바드는 비웃더군. "그런 좋은 것들이 지금은 다 어딨나? 영리하게 일 피해 다니는 게 낫다니까. 두고 봐. 우리가 노예로 팔려가면 넌 허리가 휘도록 벽돌을 나를 테고, 난 물주머니나 들거나 편한 일 하면서 살 테니."

그날 밤 나는 두려움에 잠을 이룰 수 없었어. 우리는 좁은 공간에 빽빽이 누워 있었는데, 나만 빼고 다들 잠들어 있었지. 그때 경비병 고도소란 자가 날 유심히 바라보더군. 그는 불한당 같은 인상으로, 지갑을 노리면서 여차하면 목숨도 아까워하지 않을 놈이었어.

나는 조용히 물었지. '고도소, 말해줘요. 우리가 바빌론에 가면 성벽 노예로 팔리게 되나요?'

그는 신중히 되물었어. '그걸 왜 알고 싶은데?'

'제 심정 이해 못 하시겠어요? 전 아직 젊고, 살고 싶습니다. 벽돌 나르다가 죽거나 맞아 죽고 싶진 않아요. 좋은 주인

만날 가능성은 없나요?' 나는 간절히 물었어.

'자넨 좋은 녀석 같으니 귀뜸해주지. 나한텐 귀찮게 구는 일 없도록 해. 우린 보통 노예 시장부터 가. 이제 잘 들어. 노예 사려는 자가 다가오면 자넨 일 잘하는 일꾼이고, 좋은 주인 밑에서 열심히 일하고 싶다고 해. 그들이 자네를 사고 싶어 하게 만들어. 그렇지 않으면 성벽에 가서 벽돌을 날라야 하거든. 아주 고된 일이지.' 그가 속삭이듯 일러주었어.

그가 떠나자 나는 모래 위에 누워 밤하늘의 별들을 바라보며 일에 대해 생각에 잠겼어. 메기도 말대로 일이 나의 가장 좋은 벗이 될 수 있을까? 지금 이 처지에서 벗어나는 데 일이 도움이 된다면 그렇게 생각할 수 있겠지.

메기도가 잠에서 깨자 고도소에게 들은 이야기를 들려주었어. 그것은 바빌론을 향해 걷는 우리에게 한 줄기 희망이었지. 그날 늦은 오후, 우리는 바빌론 성벽에 이르렀어. 개미 떼처럼 줄지어 가파른 경사로를 오르내리는 사람들이 많이 보였지. 가까이 다가서자 수천 명이 일하는 광경에 입이 딱 벌어졌지. 어떤 사람은 해자를 파고, 어떤 이들은 흙을 개어 벽돌을 만들고 있었다네. 커다란 바구니에 벽돌을 담아 가파른 비탈

길을 오르며 나르는 사람들이 제일 많았어.[*]

공사 감독들은 채찍으로 느릿느릿 일하는 노예들의 등을 후려갈기며 고함을 질렀어. 지친 노예들은 무거운 짐에 눌려 비틀거리다 쓰러졌고, 일어나지 못했지. 아무리 매질해도 움직이지 않는 자들은 길가에 버려졌고, 고통 속에 숨을 거뒀고. 죽어서 무덤으로 옮겨지기를 기다리는 주검들이 길가에 즐비했던 거야. 나는 이런 소름 끼치는 광경에 몸서리쳤어. 노예 시장에서 팔리지 못하면 나도 그 신세가 될 거였으니까.

고도소의 말대로 우리는 바빌론 성문을 지나 노예 수용소로 갔고, 이튿날 아침 노예 시장에 도착했지. 다른 노예들은 겁에 질려 옹송그렸어. 사려는 자들이 살펴보려면 감시자가 채찍으로 때려 움직이게 해야 했어. 하지만 메기도와 나는 기회가 있을 때마다 누구에게든 눈에 들려고 노력했어. 지금 팔려야만 한다는 절박한 심정이었지.

---

[*] 고대 바빌론의 유명 건축물인 성벽, 신전, 공중정원, 대운하는 대부분 포로가 된 노예들의 노동으로 지어졌다. 그들은 비인간적인 대우를 받았다. 이들 노예 중에는 바빌론이나 지방 주민 중 범죄를 저지르거나 가난 때문에 노예로 팔린 이들도 많았다. 빚이나 법적 판결, 의무 이행의 담보로 자신이나 아내, 자식을 내놓는 경우가 잦았다. 빚을 갚지 못하면 담보로 잡힌 사람은 노예 신세가 되고 말았다.

저항하는 해적은 쇠사슬에 묶인 채 매질을 당했어. 노예 상인이 왕실 경비병을 부른 거야. 그들이 그를 어딘가로 데려갈 때는 정말 불쌍해 보였어. 메기도는 곧 헤어질 것을 직감하고, 일이 내 앞날을 어떻게 바꿀 수 있는지 열심히 일러주었어. '어떤 이는 일을 싫어해. 일을 원수로 여기지. 하지만 일을 친구처럼 대하는 게 좋아. 일을 사랑하도록 노력해봐. 일이 고되어도 언짢아하지 마. 좋은 집을 짓겠다고 생각하는 사람이 왜 대들보가 무겁다고, 회반죽에 필요한 물을 가져올 우물이 멀다고 불평하겠어? 젊은이, 내게 약속해줘. 좋은 주인을 만나거든 그를 위해 혼신의 힘을 다해 일해봐. 자네가 한 일을 다 알아주지 않더라도 결코 서운해 말게. 일 잘하는 것 자체가 일하는 자신에게 도움 된다는 걸 명심하게. 더 나은 사람이 되는 길이니까.' 건장한 농부가 노예 무리에 가까이 오자 그는 말을 멈췄어.

메기도는 농부에게 어떤 농사를 짓는지 묻고는 자신이 도움이 될 거라고 금방 설득하더군. 노예 상인과 실랑이 끝에 농부는 옷에서 묵직한 주머니를 꺼내 값을 치렀고, 메기도는 새 주인을 따라 사라졌어.

아침에 몇몇 다른 노예들도 팔렸어. 정오쯤 고도소가 털어놓기를, 진이 빠진 상인들이 하룻밤 더 묵지 않고 해 질 녘에 남은 노예를 모조리 왕의 노예로 넘길 거라고 털어놓았지. 그 말을 듣고 절망스러웠는데, 통통하고 상냥해 보이는 이가 성벽으로 걸어 올라와 제빵사 출신 노예가 있느냐고 물었어.

나는 그에게 다가가 말했어. '선생님처럼 훌륭한 제빵사가 왜 자기보다 못한 제빵사를 찾아야 하나요? 저처럼 의욕이 넘치는 사람에게 선생님이 가진 기술을 가르치는 게 더 쉽지 않을까요? 보세요, 젊고 튼튼하고 일 좋아하는 저를. 기회를 주신다면 당신이 큰돈 벌게 해드리겠습니다.'

그는 내 열정에 감명받아 노예 상인과 흥정을 시작했어. 나를 사들인 후 한 번도 눈여겨보지 않았던 노예 상인은 이제 내가 얼마나 능력 있고, 건강하고, 자질이 좋은지 떠들어대며 높은 가격을 불렀어. 정육점 주인에게 팔려 가는 살진 소가 된 기분이었지. 정말 다행히도 흥정이 마무리됐어. 새 주인을 따라 그곳을 떠나며 내가 바빌론에서 가장 운 좋은 놈이라는 생각이 들기도 했어.

새 보금자리는 정말 마음에 쏙 들었어. 주인 나나 나이드는 마당의 맷돌로 보리를 갈고, 화덕에 불 피우고, 참깨를 곱게 갈아 꿀빵 만드는 법을 가르쳐주었지. 곡식 창고가 내 잠자리였어. 늙은 집사 노예 스와스티는 나를 잘 먹여주었고, 내가 어려운 일들을 도와준다고 좋아했어.

주인에게 꼭 필요한 사람이 될 기회가 왔고, 자유를 얻을 묘안도 찾고 싶었지. 나나 나이드에게 빵 반죽과 굽는 법을 배우게 해달라고 부탁했어. 주인은 내 열정에 기뻐하면서 가르쳐주었지. 거기에 익숙해지자 꿀빵 만드는 법도 가르쳐달라고 했어. 그리고 금방 모든 빵을 내가 구웠지. 주인은 빈둥거릴 수 있어서 좋아했어. 그러나 스와스티는 그건 아니라고 고개를 흔들면서 '누구든 할 일이 없는 건 좋지 않아'라고 분명하게 말했지.

난 자유의 몸이 되기 위해 돈을 벌 방법을 찾아야 할 때가 왔음을 깨달았어. 정오에 빵 굽기를 마치면 오후에 돈벌이를 할 수 있을 것 같았지. 그렇게 번 돈을 나누자고 하면 나나 나이드도 찬성할 거라고 생각했어. 그다음 꿀빵을 더 구운 후 바빌론 거리를 누비고 다니면서 출출한 사람들에게 팔면 되겠다는 생각이었지.

나나 나이드에게는 내 계획을 이렇게 설명했어. '제가 주인님의 돈을 벌어드리기 위한 빵 만들기를 끝내면, 오후에 제 시간을 가질 수 있게 해주시겠어요? 그럴 경우 제가 번 돈을 주인님과 나누면 공평하지 않을까요? 그러면 저도 필요한 물건을 살 수 있으니까요.'

주인은 '그래, 그렇게 하지'라며 흔쾌히 받아들였어. 꿀빵을 들고 다니며 팔겠다고 하자 그는 매우 기뻐하며 말했지. '이렇게 하세. 꿀빵 두 개에 동전 하나씩 받아. 그중 절반은 내가 가질게. 밀가루, 벌꿀, 장작값이니까. 나머지 절반은 우리가 똑같이 나누는 거야.'

빵값의 4분의 1을 내가 가질 수 있다니 정말 너그러운 제안이었어. 기쁜 마음에 그날 밤늦도록 빵 진열할 쟁반을 만들었어. 나나 나이드는 낡았지만 내게 잘 어울리는 옷가지를 골라 주었고, 스와스티는 그걸 기워 깨끗이 빨아주었어.

다음날 나는 꿀빵을 더 많이 구웠어. 쟁반 위에 올려놓은 갈색 꿀빵은 먹음직스러워 보였어. 나는 거리를 돌아다니며 큰 소리로 빵을 사라고 외쳤어. 처음에는 아무도 관심을 가지지 않아서 실망했지. 하지만 계속 돌아다니며 외쳤고, 늦은 오후가 되어 사람들이 출출해지자 빵이 팔리기 시작했어. 이내 동이 날 만큼 팔려 쟁반은 텅 비었지.

내가 성공하자 주인은 아주 기뻐하며 흔쾌히 내 몫을 떼어 주었어. 내 돈을 쥐니 기분이 끝내줬지. 노예가 열심히 일하면 주인도 알아준다는 메기도의 말이 맞았던 거야. 그날 밤 너무 들떠서 잠이 오지 않을 정도였어. 1년에 얼마나 벌 수 있고, 자유를 사려면 몇 년이 걸릴지 계산해 보았어.

매일 꿀빵 쟁반을 들고 거리에 나가자 금세 단골이 생겼어. 그중 한 분이 바로 자네 할아버지 아라드 굴라시지. 양탄자 상인이었던 그분은 도시 이 끝에서 저 끝까지 다니며 주부들에게 양탄자를 파셨어. 양탄자를 잔뜩 실은 당나귀와 녀석을 돌보는 흑인 노예와 함께 다니셨지. 그분은 자신과 노예가 먹을 빵을 매번 두 개씩 사가셨어. 꿀빵을 드시면서 나에게 많은 이야기를 들려주곤 하셨지.

어느 날 그분이 내게 평생 잊지 못할 말을 남기셨어. "젊은이, 자네가 만든 빵 맛도 좋지만 거리로 나와 팔려는 그 적극적인 자세가 더 마음에 든다네. 그런 정신이면 크게 성공할 거야."

외롭고 수치스러운 노예의 삶에서 벗어나려 발버둥 치던

청년에게 그 격려가 얼마나 큰 의미였을지 자네가 어찌 알겠나.

몇 달이 흐르는 동안 내 주머니는 계속 채워졌지. 허리춤에 달린 묵직한 돈주머니가 위안이 되기 시작한 건 당연했고. 메기도 말대로 일은 나의 가장 좋은 친구였어. 나는 행복했지만 그 무렵 스와스티는 근심 섞인 말을 하더군.

"주인님이 도박장을 너무 자주 드나드셔서 걱정이야."

어느 날 우연히 메기도를 만나 너무 반가웠어. 그는 채소를 잔뜩 실은 당나귀 세 마리를 몰고 시장으로 가던 참이었어. "정말 잘 지내고 있어. 주인이 내 솜씨를 알아줘서 이제는 관리인 역할까지 맡겼지. 자, 봐. 주인이 날 믿고 장사까지 맡기잖아. 가족에게 보내주기까지 해. 일 덕에 엄청난 역경을 이겨내고 있네. 언젠가는 자유를 사서 다시 내 농장을 가질 수 있게 해줄 거야." 그가 말했다.

시간이 지나자 주인은 내가 빵을 팔고 돌아오기를 안달이 나서 기다릴 정도가 되었지. 돌아오면 서둘러 돈을 세어 나누곤 했어. 팔 곳을 더 찾아 수입을 늘리라고 채근하기도 했고. 나는 성문 밖 성벽 공사장에 자주 가서 감독관들에게 꿀빵을 팔았어. 끔찍한 광경을 다시 보는 게 싫었지만 그들은 빵을 잘 사주었어.

깜짝 놀란 날도 있었어. 자바드가 벽돌 바구니를 메려고 줄을 서서 기다리는 모습을 봤던 거야. 꼬부랑하고 야윈 데다, 등에는 감독관의 채찍질 자국이 가득한 상태였지. 측은한 마음에 빵을 건넸더니 굶주린 짐승처럼 게걸스레 먹어 치우더군. 하지만 그의 사나운 눈빛을 보고 쟁반째 빼앗기기 전에 급히 달아나야 했어.

하루는 자네 할아버지가 물으셨어. "왜 그리 열심히 일하나?" 바로 오늘 자네가 했던 질문이었지. 기억나나? 나는 메기도에게 들었던 일의 중요성, 어떻게 일이 나의 가장 좋은 벗이 되어 주었는지 이야기했어. 동전 가득한 돈주머니를 자랑스레 보여주며, 자유를 사기 위해 어떻게 돈을 모으고 있는지 말씀드렸지.

"노예에서 풀려나면 뭘 하고 싶은가?" 그분이 궁금해하시더군.

"그러면 장사를 하고 싶습니다."

그때 그분이 뜻밖의 고백을 하셨어. "자네는 내가 노예라는 걸 모르겠지? 나도 주인과 동업 중일세."

그 말에 하단 굴라가 펄쩍 뛰었다. "말도 안 돼요! 할아버지를 모욕하는 거짓말은 듣지 않겠어요. 우리 할아버지는 결코 노예였던 적 없어요!" 그의 두 눈에서 분노의 불길이 이글거렸다.

샤루 나다는 태연히 받아쳤다. "역경을 딛고 다마스쿠스의 명사가 되신 그분을 나는 존경하네. 피를 물려받은 자네에게도 그런 기개가 있는가? 용기 있게 진실을 직시할 텐가, 아니면 황당한 망상에 빠져 살 텐가?"

하단 굴라는 안장 위에 똑바로 앉았다. 목소리는 격정으로 떨렸다. "모두가 할아버지를 사랑했어요. 그분은 많은 선행을 베푸셨죠. 기근이 닥치자 이집트에서 곡식을 들여와 백성에게 나눠 주시지 않았나요? 그래서 굶어 죽는 사람이 없었잖아요. 그런데 지금 와서 우리 할아버지가 바빌론에서 천대받는 노예로 살았다고요?"

샤루 나다가 대답했다. "그분이 바빌론에서 줄곧 노예로 지냈다면 천대를 받았겠지. 허나 자신의 노력으로 다마스쿠스의 위인이 되자, 신들이 그분의 불운을 거두고 높여주셨네."

이어서 말했다. "그분은 노예 신분을 털어놓고, 자유의 몸이 되기 위해 얼마나 열심히 일했는지 설명하셨어. 이제 자유인의 신분을 살 수 있을 정도로 돈이 모였건만 어찌할지 몹시 불안해하셨지. 이전처럼 팔지 못하고, 주인 없인 견뎌내지 못할까 봐 두려워하셨어."

나는 그분에게 우유부단하다면서 항의했지. '더 이상 주인에게 매달리지 마세요. 다시 한번 자유인이 된 기분을 느껴보세요. 자유인처럼 행동하면서 자유인처럼 성공하세요! 무엇을 이루고 싶은지 결정하고 나면, 일이 그것을 이루는 데 도움이 될 거예요!' 그분은 자신의 비겁함을 부끄러워하게 해주어 고맙다고 말하고 길을 떠나셨어.*

어느 날 다시 성문 밖을 나섰다가 엄청난 인파에 깜짝 놀랐어. 한 행인에게 물으니 "아직 못 들었어요? 감독관을 죽이고

---

* 고대 바빌론에서는 노예의 권리가 법으로 엄격히 보장되었다. 노예도 어떤 재산이든, 심지어 다른 노예도 소유할 수 있었고 주인은 거기에 간섭하지 못했다. 또 자유인과 자유롭게 결혼할 수도 있었는데, 자유인 여성과의 사이에서 난 자녀는 자유민이 되었다. 바빌론 상인 대다수가 노예 신분이었으며, 주인과 동업해 큰 부자가 된 이들도 많았다.

도망친 한 노예가 재판장에 끌려왔어요. 그리고 오늘 때려죽이는 처형을 한다는 거예요. 심지어 왕까지 온다네요" 하고 일러주었어.

사형장 주위로 사람들이 너무 빽빽이 모여 빵 쟁반이 엎어질까 봐 가까이 갈 수가 없었어. 그래서 건설 중인 성벽에 올라 구경꾼들 머리 위로 바라보았지. 운 좋게도 네부카드네자르 왕이 황금 마차를 타고 가는 모습이 보였어. 그토록 위엄 있고 화려한 의상과 금빛 휘장은 처음 보는 광경이었다네.

불쌍한 노예의 비명이 들려왔지만 차마 때려죽이는 장면은 볼 수가 없었어. 우리의 고결하신 왕께서 어찌 저런 잔혹한 광경을 담담히 지켜보실 수 있는지 이해할 수 없었지. 그런데 신하들과 농담을 주고받으며 웃는 왕의 모습에 그 냉혹함이 느껴졌어. 노예들에게 그리 비인간적인 노역을 강요하는 이유도 어느 정도 알 것 같았지.

처형이 끝나자 노예의 시신은 사람들이 모두 볼 수 있도록 다리가 묶인 채 기둥에 매달렸어. 군중이 흩어지기 시작할 무렵 기둥 가까이 다가가 보니, 털 북숭한 가슴 위로 두 마리 뱀이 얽힌 문신이 눈에 띄었어. 그 해적이었지.

자네 할아버지를 다시 만났을 때 그분은 완전히 달라져 있었네. 열정으로 가득 찬 모습으로 나를 반기셨지. '날 보게. 네가 알던 노예는 이젠 자유인이 되었다네. 자네 말에는 마법 같은 힘이 있었어. 물건도 훨씬 더 팔리고 수익도 늘고 있지. 아내가 얼마나 기뻐하는지 몰라. 아내는 주인의 조카로 원래 자유민이었는데, 내 과거를 모르는 먼 곳으로 이사 가자더군. 그래야 우리 자식들이 아비의 불운한 신분 때문에 곱지 않은 시선을 받지 않을 테니 말일세. 일 덕분에 자신감도 되찾고 장사 솜씨도 느는 것 같아.' 그 고마운 분께 내가 보답할 기회가 와서 무척 기뻤다네.

어느 날 저녁, 스와스티가 깊은 시름에 잠겨 나를 찾아왔어. '주인이 어려움에 빠졌어. 근심이 이만저만이 아니야. 몇 달 전에는 도박으로 많은 돈을 잃으셨어. 농부에게서 사들인 곡물과 벌꿀 값을 치르지 못하고, 대금업자의 빚도 갚지 못하고 있어. 그들은 화가 나서 주인을 위협하고 있어'라고 걱정했지.

나는 무심결에 대꾸했네. '우리가 왜 주인의 어리석은 행동 때문에 걱정해야 하는 거죠? 우리는 그를 지키는 사람들이

아니잖아요.'

'멍청한 녀석, 자넨 아무것도 모르는군. 주인이 자금 마련을 위해 자네를 채권자에게 넘기셨다네. 법적으로 그자가 자네에 대한 소유권을 주장하고 팔아넘길 수도 있어. 난 어찌해야 좋을지 모르겠어. 주인님은 좋은 분인데 왜 이런 불행이 닥치는 걸까?'

스와스티의 우려는 현실이 되었다. 다음 날 아침, 빵을 굽고 있는데 채권자가 사시라는 남자와 함께 나타났어. 사시는 날 훑어보더니 마음에 든다며 고개를 까딱였어.

채권자는 주인이 돌아오길 기다리지 않고 날 데려가겠다며, 그 사실을 스와스티에게 전하라 했어. 빵 굽기를 끝내지도 않았는데, 옷 하나 걸치고 허리춤에 돈주머니를 안전하게 매단 채 급히 끌려 나가야만 했다네. 폭풍이 숲의 나무를 뽑아 높은 파도로 출렁이는 바다로 내던지듯, 내 소중한 꿈도 날려버렸어. 나는 도박과 술에 빠진 사람 때문에 또다시 나락으로 떨어졌지.

사시는 퉁명스럽고 둔한 인상의 남자였는데, 그에게 끌려가면서 내가 전 주인을 위해 얼마나 성실히 일했는지 호소하고 그에게도 도움이 되고 싶다고 말했어.

그러나 돌아온 대답은 냉혹했어. "난 그딴 거 싫어. 우리 주인도 마찬가지고. 주인은 왕의 명으로 대운하 공사를 맡겼는데 어서 끝내라고 채근하시지. 쳇, 누가 이렇게 큰일을 그렇게 빨리 끝낼 수 있겠나?"

그 말을 듣고선 희망이 사라졌다네.

상상해보게. 왜소한 떨기나무 말고는 큰 나무 한 그루 없는 사막, 작열하는 폭염에 물통의 물조차 뜨거워 마시기 힘든 곳. 새벽부터 밤까지 깊게 판 땅에 내려가 흙을 바구니에 가득 담아 메고 먼지 풀풀 나는 길을 오르는 행렬. 가축 먹이통에 담긴 걸 돼지처럼 먹어야 했던 우리. 천막도, 깔고 잘 짚조차 없었어. 내가 그런 상황에 놓인 거야. 돈주머니를 땅에 묻고 표시를 해놓긴 했지만, 그걸 다시 파낼 날이 올지도 의문이었지.

처음에는 열심히 일했어. 그러나 몇 달이 지나자 의욕이 꺾이는 걸 느꼈어. 이내 열병까지 얻어 기력을 잃고 식욕도 없어졌다네. 양고기와 채소를 거의 먹을 수 없을 지경이었지. 밤에는 기분이 영 별로인 채 뒤척이곤 했어.

그렇게 비참한 시간을 보내면서, 자바드처럼 일을 슬쩍 피하는 게 낫겠다 싶었지. 하지만 성벽 일터에서 보았던 그의 말라비틀어진 몰골을 떠올리면 그의 방법도 좋아 보이지 않았어.

분노에 들떠 감독관을 죽이고 탈출하는 게 나을까 싶기도 했지만 처참하게 고문당한 해적의 주검이 떠오르자 그 방법도 소용없다는 사실이 기억났어.

마지막으로 메기도의 모습이 떠올랐지. 힘들게 일한 그의 손에는 여기저기 굳은살이 박혔지만, 그의 마음은 가벼웠고, 행복한 표정이었어. 어찌 해도 그의 방식이 가장 좋아 보였지.

곰곰이 생각해보니 나도 메기도만큼이나 열심히 일했더군. 그보다 더 부지런할 수는 없을 정도로. 그런데 왜 내게는 행복도 성공도 오지 않았던 걸까? 행복과 성공은 전적으로 신들의 손에 달린 것일까? 꿈도 이루지 못하고 남은 생을 노역에 시달리다 죽어야 하는 걸까? 이런저런 의문이 뒤엉켜 머릿속을 헤집었지만 명쾌한 답은 없었어. 사실 몹시 혼란스러웠지.

며칠 후, 내 인내심의 한계에 이른 것 같았지만, 여전히 질문들에 대한 답을 찾지 못한 상태였어. 그때 사시가 나를 불렀어. 나의 옛 주인이 나를 바빌론으로 다시 데려가려고 심부름

꾼을 보냈다고 했어. 나는 귀중한 돈주머니를 파내고, 누더기
가 된 옷을 걸치고 길을 떠났어.

걷는 내내, 거센 바람처럼 이리저리 흔들리는 내 운명만 머
릿속을 맴돌았어. 고향 하룬부터 지금까지, 기구한 팔자에 붙
잡힌 것 같았어.

회오리바람처럼 에워싸고
폭풍처럼 몰아치는 운명 앞에서,
누가 원하는 길을 걷고
내일을 예견할 수 있으랴.

나는 무엇을 몰랐기에 이렇게 고초를 겪게 된 걸까? 앞으
로 또 어떤 비참함과 절망이 나를 기다리고 있을까?

주인집 마당에 들어서는 순간, 자네 할아버지 아라드 굴라
가 날 맞이하고 있어 깜짝 놀랐네. 그분은 내가 말에서 내리는
걸 부축하며, 오랜만에 재회한 혈육처럼 뜨겁게 끌어안았지.

길을 떠나며 난 노예처럼 그분 뒤를 따르려 했네. 하지만
그건 말리시더군. 내 어깨에 팔을 두르고 이렇게 말씀하셨어.

'자네를 찾고자 샅샅이 뒤졌네. 희망이 거의 사라질 즈음 스와스티를 만나 그대가 채권자에게 넘어갔단 걸 들었지. 새 주인을 알아내 힘겹게 흥정했네. 어마어마한 값을 치렀으나 충분히 가치 있는 일일세. 그대의 사상, 그대의 장사 솜씨가 나에게 영감을 주어 다시 일어설 수 있었네.'

'제 철학이 아니라 메기도의 철학입니다.' 내가 받았네.

'메기도와 그대의 철학일세. 덕분에 우리 식구는 다마스쿠스로 가려 하네. 그대를 동업자로 삼고 싶구먼. 그대는 즉시 자유인이 될 걸세!' 그분이 소리쳤어. 이렇게 말하며 옷 속에서 내 노예 문서가 적힌 점토판을 꺼내더니, 머리 위로 높이 들어 내던졌지. 점토판은 자갈에 부딪혀 산산이 깨졌어. 신이 난 그분은 그것들을 가루가 되도록 짓밟았네.

감사의 눈물이 솟구쳤네. 내가 바빌론에서 가장 행운아임을 깨달았지. 자넨 이제 알겠지. 가장 힘든 시기를 견디며, 일이야말로 내 최고의 벗이란 게 증명되었다는 걸. 일에 대한 열정 덕에 성벽 노역을 면했고, 자네 할아버지에게 깊은 인상을 남겨 그의 동업자가 될 수 있었네."

"할아버지가 큰 부자가 된 비결이 열정적으로 일한 덕분이란 말씀이세요?" 하단 굴라가 물었다.

샤루 나다가 답했다. "내가 그분을 처음 만났을 때 유일한 성공의 비결이 일이었지. 자네 할아버지는 일 자체를 즐기셨어. 신들이 그 노고를 인정하고 후하게 보답한 거야."

하단 굴라가 깊은 생각에 잠겼다. "조금씩 이해가 되네요. 사람들이 노력으로 성공한 할아버지를 보고 감탄하고 존경했죠. 그 덕에 할아버지에겐 벗이 많았어요. 일 덕분에 다마스쿠스에서 명성을 떨치셨죠. 할아버지는 일 덕분에 내가 부러워하는 모든 걸 누리셨어요. 그런데도 저는 일이 노예들에게나 어울린다고 잘못 생각했어요."

샤루 나다가 힘주어 말했다. "인생엔 즐길 것이 많아. 즐거움엔 제각기 자리가 있지. 일의 즐거움이 노예의 것이 아니어서 다행이야. 그랬다면 내게서 가장 큰 기쁨을 앗아갈 테니. 나도 다양한 즐거움을 만끽하지만, 일처럼 큰 즐거움은 없다네."

두 사람은 우뚝 솟은 성벽이 드리운 그늘을 따라 바빌론의 거대한 청동 성문에 다다랐다. 다가서자 숙직 병사들이 뛰쳐나와 명사 샤루 나다에게 공손히 인사했다. 샤루 나다는 상인 행렬을 이끌고 성문을 지나 바빌론 거리로 들어섰다.

하단 굴라가 속내를 털어놓았다. "전 언제나 할아버지 같은 분이 되고 싶었습니다. 하지만 진정 어떤 분이셨는지 알지 못했죠. 선생님 덕에 깨달았습니다. 이젠 이해가 되고, 할아버지를 더 존경하게 되었어요. 할아버지처럼 되겠다는 결심도 굳어졌죠. 할아버지가 성공한 진짜 비결을 가르쳐주셨는데, 어떻게 보답할 수 있을지 모르겠군요. 오늘부터 그 비결대로 살아가렵니다. 할아버지처럼 소박하게 시작할 거예요. 그게 화려한 치장보다 제 처지에 맞으니까요."

그러면서 그는 보석 박힌 귀고리를 빼고, 반지를 벗었다. 말고삐를 늦추고 물러나 깊은 존경심을 담아, 대상단의 우두머리 샤루 나다의 뒤를 따랐다.

바빌론의 간략한 역사

역사상 바빌론만큼 매혹적인 도시도 드물 것이다. 그 이름만으로 풍요와 화려함이 떠오른다. 금과 보석으로 치장한 그 도시의 보물들은 눈이 부실 정도였다. 그토록 부유한 곳이라면, 숲과 광산이 풍부한 비옥한 땅에 자리 잡았으리라 여기기 쉽다. 그러나 바빌론은 달랐다. 유프라테스 강변 메마른 평원에 자리했다. 숲도, 광산도, 심지어 건축용 돌조차 없었다. 자연스럽게 형성된 통상로에 자리를 잡지도 않았다. 비가 귀해 농사짓기도 힘들었다.

바빌론은 위대한 목표를 이루기 위해 가능한 모든 방도를 동원하는 인간의 저력을 보여주는 탁월한 사례다. 거대 도시의 번영을 뒷받침한 자원은 모두 인간의 손으로 만들어졌다.

바빌론의 천연자원이라곤 비옥한 토양과 강뿐이었다. 바빌론 기술자들은 댐과 광대한 관개수로를 건설해 강의 흐름을 틀었다. 이는 역사상 가장 위대한 토목공사 중 하나로, 이 수로가 메마른 골짜기를 길게 가로지르면서 생명을 살리는 물을 비옥한 땅에 공급했다. 세계 최초로 이런 관개 시설을 건설한 덕분에 농작물을 풍성하게 수확할 수 있었다.

오랜 세월 바빌론을 다스린 왕들은 다행히 정복과 약탈에는 관심이 적었다. 가끔 전쟁을 치르기는 했으나, 주로 바빌론의 부를 탐내는 욕심 많은 침략자를 물리치기 위해서였다. 바빌론의 탁월한 통치자들은 지혜와 공정함, 대규모 건설 사업으로 이름을 남겼다. 세계정복을 꿈꾸며 모든 이의 숭배를 바라는 교만한 군주는 바빌론에서 찾아볼 수 없었다.

이제 바빌론이라는 도시는 존재하지 않는다. 수천 년간 그곳을 일군 이들이 떠나자 순식간에 폐허로 전락했다. 바빌론이 자리했던 곳은 수에즈 운하에서 동쪽으로 약 966킬로미터 떨어진 아시아 지역으로, 페르시아만의 북쪽에 위치한다. 북위 30도 근방으로, 미국 애리조나주 유마와 비슷하다. 그 미국 도시와 마찬가지로 더운 사막 기후다.

한때 농민들이 관개수로 덕에 농사를 짓던 유프라테스 계곡은 이제 다시금 황량한 사막이 되었다. 간간이 풀과 사막의 관목만이 모래바람에 맞서 살아남으려 애쓴다. 비옥한 평야, 거대 도시, 화려한 물건을 실은 상인 행렬은 이미 자취를 감췄다. 오늘날 그 땅에선 아랍 유목민들이 가축 몇 마리와 함께 겨우 연명할 뿐이다. 기독교 시대 시작 무렵부터 그랬다.

이 지역엔 흙더미가 곳곳에 흩어져 있다. 여행자들은 오랫동안 그곳에 아무것도 없다 여겼다. 그러다 쏟아지는 폭우에 도기 파편과 벽돌이 지표로 드러나면서 고고학자들의 주목을 끌었다. 유럽과 미국 박물관의 후원을 받은 탐사대가 발굴에 나섰다. 작업 결과 그 흙무더기는 고대 도시의 잔해임이 금세 밝혀졌다. 말 그대로 도시의 무덤이라고 부를 수 있을 정도였다.

바빌론은 태고의 도시 중 하나였다. 하지만 사막의 흙먼지가 2천 년 가까이 도시를 덮으면서 형체를 알아보기 어려워졌다. 벽돌로 쌓은 성벽은 무너져 내려 흙으로 돌아갔다. 이것이

번영을 구가하던 바빌론의 현재 모습이다. 탐사대가 두꺼운 먼지를 조심스레 걷어내자 고대 도시의 거리, 장엄한 신전과 궁전의 잔해가 모습을 드러냈다. 그때까지만 해도 너무 오래 방치된 탓에 이름조차 없는 흙더미에 불과했다.

많은 학자에 따르면 정확한 기록에 근거했을 때 유프라테스강 유역의 바빌론과 주변 도시에서 인류 최초의 문명이 시작되었다고 본다. 무려 8천 년 전으로 거슬러 올라가는 문명이다. 연대 추정에 쓰인 방법은 바빌론 유적에서 발견된 일식 기록을 토대로 한 것이다. 현대 천문학자들은 바빌론에서 그 일식이 관측 가능했던 시기를 쉽게 계산해냈고, 그들의 역법이 우리와 어떻게 다른지 밝혀냈다.

이런 식으로 우리는 8천 년 전 수메르인들이 바빌론 성곽 내에 거주했음을 입증했다. 이런 도시들이 몇 세기 전부터 존재했는지는 그저 추측만 할 뿐이다. 성벽 안에 사는 그들은 단순한 야만인이 아니었다. 교양 있고 깨우친 이들이었다. 역사를 거슬러 올라가보면, 그들은 최초의 기술자, 최초의 천문학자, 최초의 수학자, 최초의 금융가이자 문자 사용의 선구자들이었다.

메마른 계곡을 농업의 낙원으로 변모시킨 관개시설은 앞서 언급했다. 대부분 모래에 묻혔지만, 수로의 자취는 여전히 찾을 수 있다. 물이 빠졌을 때 말 열두 필이 나란히 걸을 수 있을 정도로 거대한 수로도 모습을 드러냈다. 규모 면에서 미국 콜로라도나 유타의 대 운하에 필적한다.

바빌론의 기술자들은 관개수로에 더해 또 하나의 대역사를 달성했다. 정교한 배수 시설로 유프라테스강과 티그리스강 하구의 광활한 습지를 매립해 경작지로 만든 것이다.

그리스의 역사가이자 여행자인 헤로도토스는 전성기 바빌론을 방문해 외부인의 시선으로 최초 기록을 남겼다. 그의 글은 도시 바빌론과 바빌로니아인의 독특한 관습을 생생하고 세밀하게 묘사한다. 그는 바빌론 땅의 경이로운 비옥함과 밀, 보리의 풍성한 수확에 대해서도 적었다.

바빌론의 영광은 사그라들었어도, 지혜만큼은 살아남았다. 기록 방식 덕분이다. 오래전, 종이가 없던 시절이었다. 그들은 축축한 점토판에 부지런히 글을 새겼다. 쓰기를 마치면 구워 점토판을 단단하게 만들었다. 크기는 가로 15, 세로 20센티미터에 두께 2.5센티미터 정도였다.

바빌론 사람들은 이 점토판을 종이처럼 사용해 기록을 남겼다. 전설, 시, 역사, 왕의 칙령, 법률, 토지 문서, 차용증서, 먼 도시로 부치는 편지까지, 모두 점토판에 새겼다. 이 점토판 덕분에 당시의 사소한 일상까지도 들여다볼 수 있다. 가령 시골 잡화상 주인의 것으로 보이는 판이 있다. 어느 날 손님 아무개가 암소를 끌고 와 밀 일곱 부대와 맞바꾸었는데, 그중 세 부대는 즉시 배달하고 나머지는 손님이 요구할 때 갖다준다는 내용이다. 황폐한 도시에 안전히 묻혀 있었기에 수십만 점에 달하는 점토판이 고고학자들에 의해 발견될 수 있었다.

바빌론을 에워싸던 거대한 성벽 또한 그 도시의 불가사의 중 하나였다. 고대인들은 바빌론 성벽을 이집트 피라미드와 함께 '세계 7대 불가사의'로 꼽았다. 세미라미스 여왕이 최초로 성벽을 쌓기 시작했다고 전해지나, 현대 고고학자들은 아무리 발굴해도 그 흔적을 찾지 못했다. 정확한 높이도 미지수다. 고대 작가들에 따르면 높이는 15~18미터이고, 외벽엔 구운 벽돌을 붙이고 깊은 해자로 둘러싸 방비했다고 한다.

후에 기원전 600년경, 나보폴라사르 왕이 앞으로 더 유명해질 성벽을 쌓기 시작했다. 그는 웅장한 규모로 성벽을 재건하려 했으나 완공을 보지 못하고 죽었다. 성경에도 등장하는 그의 아들 네부카드네자르왕이 아버지의 뜻을 이어받았다.

이때 축조된 성벽 규모는 상상을 초월한다. 신뢰할 만한 기록에 따르면 높이가 무려 49미터에 달했다. 오늘날 15층 사무실 건물과 맞먹는 높이다. 전체 길이는 14.5~17.7킬로미터로 추정된다. 성벽 꼭대기는 너무 넓어 6필의 말이 끄는 마차가 다닐 수 있을 정도였다. 이 엄청난 구조물 중 지금은 토대와 해자 외엔 남은 것이 거의 없다. 아랍인들이 다른 건물을 지으려고 거기서 벽돌을 빼내면서 성벽은 완전히 파괴되었다.

정복 전쟁 시대에 거의 모든 정복자가 이끄는 의기양양한 군대가 바빌론 성벽을 공격했다. 수많은 왕이 바빌론을 포위했으나 무용지물이었다. 그 시기 침략군들은 쉬운 상대가 아니었다. 역사학자들은 기병 1만 명, 전차 2만 5천 대, 보병 연대 1,200개(연대당 병력 1천 명)와 같은 규모의 부대였다고 전한다. 전쟁 물자를 모으고 군량미 조달을 위한 보급로 준비에만 2~3년이 걸리기 일쑤였다.

바빌론의 도시 구조는 현대 도시와 유사했다. 도로와 상점이 있었고, 행상들이 주거지를 누볐다. 장엄한 신전에선 사제들이 제례를 집전했다. 시내에도 왕궁을 둘러싼 담장이 있었는데, 바빌론 성벽보다 높았다.

바빌론 사람들은 예술 분야에도 탁월한 재능을 보였다. 조각, 회화, 직조, 금세공, 금속 무기와 농기구 제작 모두 수준이 높았다. 보석 세공사들은 가장 예술적인 장신구를 만들어냈다. 부유층의 무덤에서 출토된 장신구들은 세계 유수의 박물관에 전시되고 있다. 다른 지역에서 아직 돌도끼로 목재를 다듬고 돌로 만든 창과 활로 사냥하거나 싸울 때, 바빌론 사람들은 이미 금속 도구와 무기를 사용하고 있었다.

바빌론인들은 뛰어난 금융업자이자 상인이기도 했다. 알려진 바로는 그들이 최초로 교환 수단인 화폐, 차용증서, 재산 문서를 고안해냈다.

기원전 540년경까지 단 한 번도 침략군이 성문 안으로 들어온 적이 없었다. 성벽이 함락된 일조차 없었다. 그러나 난공불락의 바빌론이 멸망한 이야기는 특이하고 어이없다. 당대 위대한 정복자 중 한 사람인 키루스 2세가 바빌론을 치려 했고, 철옹성 같은 성벽을 빼앗고 싶어 했다. 당시 바빌론 왕 나

보니두스의 신하들은 성이 포위되기를 기다리지 말고, 먼저 키루스 2세를 찾아가 싸우라고 왕을 설득했다. 그러나 바빌론 군은 연전연패 끝에 성을 버리고 달아났다. 이에 키루스 2세는 아무 저항 없이 열린 성문으로 입성해 바빌론을 손에 넣었다.

이후 바빌론의 힘과 위상은 서서히 기울었다. 몇백 년이 흐르자 모두가 떠난 폐허가 되고 말았다. 모래바람과 폭풍은 화려했던 도시가 있던 자리를 옛 사막으로 되돌려 놓았다. 바빌론은 무너진 채 다시는 일어서지 못했다. 그럼에도 인류 문명에 지대한 영향을 끼쳤다.

오랜 세월이 흐르는 동안 바빌론 신전의 웅장했던 벽은 무너져 먼지로 변했지만, 바빌론의 지혜는 여전히 살아 숨 쉬고 있다.

2부

—

새로운 깨달음:
더 깊은 질문들

"새로운 깨달음으로 우리는 소망을 정직하게
이룰 수 있는 길을 찾아낼 것이다."

부자가 되기 위해 공부하는 방법

재정 교육은 확실히 큰 도움이 된다. 1부를 읽은 많은 독자는 재정 상태를 개선하기 위해 바로 활용할 수 있는 방법을 배운 후, 예상치 못한 놀라운 결실을 거두었다고 전했다.

이것은 정말 중요한 효과다. 우리가 통찰력을 더욱 예리하게 갖출수록 기회를 더 잘 포착하고 활용할 수 있음을 보여준다. 하지만 더 큰 효과는 시간이 흐르면서 나타날 것이다. 평생 그 지식을 활용하며, 재정 상태 개선에 도움을 받을 수 있기 때문이다.

이 책을 바탕으로 자기계발 모임이나 학교, 대학 수업, 가족 간 혹은 개인적으로 돈에 관해 공부할 수 있다. 각 이야기마다 알맞은 질문을 던지며 깊이 있게 탐구해보자.

모임과 수업을 위한 학습 계획

◇◇◇

첫 수업에서는 "재물을 간절히 원했던 남자"(1장) 이야기를 소리 내어 읽는다. 그다음, 수업 참여자들에게 주인공처럼 좌절했던 사람들의 사례를 들려달라고 요청한다. 뒷부분의 질문들로 토론을 이끌 수 있다.

앞으로의 수업을 위해 참가자들에게 몇 가지 질문을 하고, 다음 시간까지 읽고 토론할 만한 답을 써오게 한다. 자유로운 의견 교환이 이루어지는 개방적인 토론 형식의 수업이 효과적이다.

이 과정을 책의 순서에 따라 진행할 수 있다. 각 이야기는 여러 수업의 좋은 재료가 된다. 참가자들에게 질문에 대한 답 뿐 아니라 돈 문제와 관련된 실제 사례도 가져오도록 하자. 그 사례들을 분석하고, 해당 이야기의 주제로 삼아 토론한다.

수업 참가자 중 연륜이 있는 이들은 교훈이 될 만한 흥미로운 경험담을 들려줄 수도 있다. 젊은 참가자들은 나이 든 가족, 지인, 친구들과 이야기를 나누게 한다. 이처럼 실제 사례를 공유하면, 수업 참가자들이 돈 관리에 대해 더 분석적으로 이해하고 명확한 통찰력을 얻을 수 있다.

개인을 위한 학습 계획

◇◇◇

혼자 공부하려는 사람은 다음과 같이 진행할 수 있다. 우선 다른 책과 마찬가지로 서문을 읽는다. 그런 다음 이야기를 순서대로 탐구한다. 마치 수업을 듣듯이 첫 번째 이야기부터 시작해 한 번에 하나씩 천천히 공부하는 것이다.

여유 있고 피곤하지 않을 때 이야기를 읽으며 곰곰이 생각에 잠겨보자. 읽는 동안 이야기의 어느 부분이 자신이나 주변 사람들의 상황에 적용될 수 있을지 고민해본다.

각 이야기를 읽은 후에는 종이와 필기도구를 준비한다. 질문이 적힌 부분을 펼쳐 몇 가지 문항에 대해 자세히 답을 적어본다. 서두르지 말고 충분히 생각하며 답하는 게 좋다. 한 번에 3~5개 이상의 질문에 답하지 않아도 된다. 며칠이나 일주일에 걸쳐 답하더라도 느린 게 아니다. 매일 저녁 한 시간 정도 넉넉히 시간을 내어 충분히 공부하자.

각각의 이야기는 사고를 발전시킬 수 있는 고리처럼 연결되어 있다. 그러므로 첫 번째 질문부터 시작해 순서대로 답해 나가는 것이 가장 효과적이다.

이야기의 교훈을 처음부터 끝까지 꼼꼼히 배우려 노력하다 보면, 평생 쓸모 있는 실용적 지식을 얻게 될 것이다. 이후에도 가끔 되새기며, 실생활에서 유사한 사례를 찾아보자.

모든 이야기를 공부한 지 한 달쯤 지나 다시 읽어보면 새롭게 다가올 것이다. 책 전체를 다시 읽거나 질문들을 재검토하는 것도 좋다. 되짚어보는 과정에서 금전 문제에 대한 이해력이 급속도로 향상되었음을 자각하고 성취감을 느낄 것이다. 이 책을 꼼꼼히 연구하면서 논리적이고 체계적인 사고력을 기를 수 있고, 금융인의 시각에서 자신의 돈 문제를 바라볼 수 있게 된다는 점에서 가장 큰 의의가 있다.

가족을 위한 학습 계획

◇◇◇

가계 소득은 모든 가족의 공통 관심사다. 그 돈으로 가족 구성원 개개인의 건강과 행복에 필요한 의식주를 해결해야 하기 때문이다.

이 책의 이야기와 질문들을 공부하면, 가용 자금에는 한계가 있다는 사실을 가족 모두가 제대로 이해하는 데 큰 도움이 된다. 소득을 어떻게 공정하게 분배할 것인지, 수입 범위 안에서 지출을 관리하면서 흑자까지 낼 때 어떤 장점이 있는지 배울 수 있다.

고등학생과 대학생은 이런 공동 학습에 관심을 보일 수 있다. 어린아이들도 놀라울 정도로 잘 배우고 이해한다. 먼저 가족 구성원이 개별적으로 책을 읽은 후, 함께 모여 질문에 답하며 공부하는 것이 좋다.

수업을 준비하면서 몇 가지 질문을 활용해보자. 그 질문들에 대해 가족들이 저마다 답을 적게 한다. 아이들이 토론할 이야기를 먼저 큰 소리로 읽고, 각자 써놓은 답을 발표하며 의견을 나누는 것도 방법이다. 한 달간의 식비, 교통비, 문화 생활비 등을 계산하는 과제를 내주면 아이들도 흥미를 느낄 것이다.

돈 문제를 분석하는 방법

"우리는 니네베의 부자들을 기억해야 한다.

그들은 원금을 잃거나 수익성 없는 투자에 묶일 위험에 뛰어

들지 않았다.

가능성의 그늘에 갇혀 후회하는 삶을 살지 않기 위해

그들은 현명함으로 위기를 피해 갔다."

이 책을 읽은 수많은 독자들이 한결같이 아쉬움을 토로했다.

만약 이 책의 가르침을 미리 알았더라면, 그들이 겪은 큰 손실

과 시행착오를 피할 수 있었을 거라는 것이다. 그들은 가정과

사업에서 겪은 오래된 문제들을 다시 들여다보았고, 그 근원에는 돈에서 비롯된 난제들이 도사리고 있음을 깨달았다.

어려움을 겪는 친구에게 돈을 빌려주거나 보증을 섰다가 큰돈을 잃어 정작 돈이 필요할 때 좋은 기회를 놓쳤을 수도 있다. 믿을 만한 지인이 전혀 위험하지 않다고 추천해서 투자했다가 큰 손실을 입었거나 가족 중 누군가가 유산을 독차지했을 수도 있다. 그런 일을 떠올릴 때면 가슴이 저민다. 그런데 왜 이런 일이 반복될까?

사업에서도 돈 문제로 인한 경솔한 행동이 종종 큰 대가를 치르게 만든다.

우리에게 어느 정도 돈이 있다면 그 쓰임새를 스스로 결정할 수 있다. 멋진 시간을 보내고, 세계 여행을 가거나 원하는 일을 하며 다 써버릴 수도 있다. 아니면 그때그때의 관심사에 따라 이리저리 새나가게 방치할 수도 있다. 하지만 우리는 진정 원치 않는 것에 투자하라는 설득이나 원치 않는 대출 요구, 협박이나 거짓말에 넘어가 돈을 빼앗기고 싶진 않을 것이다.

원금을 보호하면서도 재산을 불려나가고 싶다면, 신중한 사고와 행동 양식이 필수적이다. 많은 이들이 매일같이 저축한 돈이 흘러나가거나 빼앗기는 상황을 겪으면서도, 그에 상응하는 이익이나 만족을 얻지 못하고 있기 때문이다.

　돈과 관련된 일을 실행에 옮기기 전, 어떻게 상황을 분석해야 할지 알아보기 위해 세 가지 사례를 들어보고자 한다. 이 사례들을 통해 유사한 상황이 어떻게 전개되는지 생각해보자. 그리고 모든 금전적 문제에서 핵심을 찾아내는 요령을 익히도록 하자. 희망과 소망에 눈이 멀어 잘못된 길로 빠지지 않도록, 이성적인 관점을 유지하는 법을 배워야 한다.

　돈과 관련된 결정을 내릴 때마다, 예상되는 문제점을 자세히 써보자. 그리고 그 선택이 초래할 수 있는 부정적인 면을 머릿속에 떠오르는 대로 빠짐없이 기록하자. 또 다른 종이에는 긍정적인 측면을 떠오르는 대로 적어보자. 심사숙고하다 보면 아버지가 범했던 과오를 되풀이하지 않을 수 있을 것이다. 많은 아버지들과 마찬가지로, 그 역시 힘들게 번 돈을 상당 부분 잃고 난 후에야 비로소 재물에 관한 지혜를 깨우쳤을 것이다.

　경험을 통한 배움은 강력하지만, 엄청난 대가를 치러야 한다. 그러나 우리가 다른 이들의 경험에서 교훈을 이끌어내 활용한다면, 동일한 진리를 터득하면서도 우리의 귀중한 자산을 보호할 수 있을 것이다. 현명한 선택을 통해 풍요로운 내일을 설계해나가는 것, 이것이야말로 우리가 나아가야 할 길이다.

문제 1. 인쇄업자와 손님

◇◇◇

한 남자가 작은 인쇄소 주인에게 고가의 소책자 인쇄를 의뢰했다. 무려 2,200달러에 달하는 이 주문은 인쇄업자가 받아본 최대 규모였고, 그는 500달러의 이익을 기대했다. 하지만 계약 후에야 추가 인력 비용과 종이 구입 자금이 부족함을 깨달았다.

게다가 인쇄업자는 손님에 대해 잘 알지 못했다. 단지 이전에 몇 차례 소액 거래에서 제때 대금을 지불했다는 사실 외에는. 그래서 그는 상황을 설명하고, 작업 진행을 위해 선불을 요청하기로 했다. 하지만 손님은 이 정도 주문은 자주 해봤다며, 요구를 들어주지 않으면 다른 업체에 맡기겠다고 했다.

문제의 핵심은 여기에 있었다. 처음에 인쇄업자는 500달러의 이익에만 관심을 가졌지만, 진짜 문제는 손님이 2,200달러 어치의 신용 거래를 감당할 만한 사람인가였다. 얼마 뒤 밝혀진 사실은 그 손님이 적은 자본으로 사업을 꾸려나가는 중이라는 것. 그는 땅 주인과 계약을 맺고 토지를 팔아주는 대가로 수수료를 받기로 했을 뿐, 멋들어진 사무실 가구 외에는 별다른 자산이 없었다.

손님은 값비싼 홍보용 소책자 비용을 인쇄업자가 먼저 부담해주길 바랐다. 그래야 마음껏 홍보에 활용할 수 있으니까. 즉, 인쇄업자의 자금을 먼저 이용하려 한 것이다. 만약 인쇄업자가 이런 관점에서 상황을 파악했다면, 자신을 보호할 방법을 먼저 모색했을 것이다.

A. 거액의 신용 거래를 원하는 개인이나 회사는 작업 과정에서 대금 일부를 지급하거나, 은행 등을 통해 지불 능력을 입증해야 한다.

B. 책임감 있고 신뢰할 만한 거래처라면 선금이나 신용 확인 요구에 결코 모욕감을 느끼거나 거만하게 구는 법이 없다.

C. 만약 인쇄비를 받지 못한다면 인쇄업자의 손실은 1,700달

러에 달한다. 그는 500달러의 이익을 위해 그 3배가 넘는 손실의 위험을 감수하는 도박을 하려던 것이다.

이는 약삭빠른 사업가가 타인의 자본을 이용하려는 전형적인 사례라 할 수 있다. 인쇄업자는 사업가적 태도에 감명받아 작업을 마무리하기 위해 돈까지 빌렸지만, 결국 대금을 받지 못하고 빚더미에 앉고 말았다.

이 문제는 거래 상대방의 지불 능력을 꼼꼼히 확인해야 한다는 교훈을 준다. 은행은 상환 능력이 검증된 고객에게만 기꺼이 대출해준다. 인쇄업자가 제공하는 재료와 노동력 역시 돈만큼이나 소중하므로, 마찬가지로 신중하게 지켜야 할 것이다.

문제 2. 치과의사와 매제

◇◇◇

한 치과의사의 여동생 부부가 작은 가게를 인수하려 치과의사에게 2천 달러를 빌려달라고 했다. 회계사이자 유능하고 훌륭한 친구인 매제는 직장을 잃은 후 여러 달 동안 애썼지만 새 일

자리를 구하지 못했다. 여동생 부부의 생활이 어려워지자 치과의사는 그들이 새 출발하는 모습을 보고 싶었다. 그러나 자금이 부족한 데다 하필 당시 상황이 곤란하다고 말할 수밖에 없었다.

치과의사가 소유한 몇몇 건물은 공실이었고, 담보 대출금과 세금을 내기에도 빠듯한 형편이었다. 금융에 밝은 매제는 치과의사의 거래은행을 찾아가, 치과의사가 보증을 서면 자신에게 직접 2천 달러를 기꺼이 대출해줄 것이라는 사실을 알아냈다. 그리고 치과의사를 설득했다. 돈만 빌릴 수 있다면 쉽게 재기할 수 있고, 새 가게 수입에서 매달 75달러씩 갚아 나가겠다며, 걱정 없이 돈을 돌려받을 수 있을 거라고 했다.

하지만 매제의 제안에 응하기 전에 치과의사가 꼼꼼히 살펴봐야 할 점들이 있었다.

A. 매제가 가게 운영으로 생활비 외에 약속한 금액을 갚지 못하면, 은행이 치과의사에게 대신 갚으라고 요구할 것이다.
B. 매제가 사업에 성공할 수 있을까? 본업에서 능력을 발휘하지 못한 사람이 낯선 분야에서 더 잘해낼 수 있을까?

C. 치과의사는 무엇을 잃을 수 있을까? 원금과 이자를 은행에 대신 갚아야 하고, 화목했던 가족관계도 무너질 수 있다. 매제가 실패하면 좌절감에 빠질 수도 있다.

이는 근면하고 검소한 사람들이 가족 간에 직면하기 쉬운 난제를 보여준다. 그들은 언제나 끈끈한 유대감으로 맺어져 있기에, 매제의 제안대로 하기가 무척 쉬워 보인다. 하지만 그 선택이 최악의 상황으로 치달을 수 있음을 간과해서는 안 된다. 치과의사가 애초에 몇백 달러 정도를 빌려주겠다고 했다면, 매제가 자기 분야에서 알맞은 일자리를 찾는 데 도움이 되었을 것이다. 그랬다면 매제도 월급으로 충분히 갚을 수 있었을 테니까.

문제 3. 농부와 금광

◇◇◇

미주리의 한 농부가 친척의 유산으로 3천 달러를 물려받았다. 그즈음 서부의 어느 금광을 그림과 함께 매혹적으로 선전하는 광고 우편물을 받았다.

광고에 따르면, 예전 광산주는 여러 해 동안 은둔하며 용돈이 필요할 때면 품질 좋은 금광석을 팔곤 했다. 괴짜 노인은 자신의 광산을 팔거나 남에게 빌려주려 하지 않았다. 그저 땅속에 들어가 수레에 광석을 실어 나르기만 해도 어떤 은행보다 많은 돈을 벌 수 있으니 굳이 팔 이유가 없다고 했다. 이러한 설명은 농부의 상상력을 자극하기에 충분했다.

그가 세상을 떠난 후 광산 소유권을 확보한 이들이 회사를 설립해 매장량이 엄청날 것으로 예상되는 광산의 보물을 캐내 팔 자금을 모으기 위해 주주를 모집 중이라고 했다.

늘 고된 노동으로 살아온 농부는 쉽게 큰돈을 벌고 싶어 안달이 났다. 그에게 이 광산 이야기는 상상력을 자극했고, 부자가 될 절호의 기회를 잡고 싶었다. 거래 은행의 담당자와 상의하면 이런 괴이한 제안을 의심해보라고 할 것을 알았다. 그래서 그는 자신의 3천 달러, 즉 천 달러짜리 세 장을 봉투에 넣어 광산 회사에 부쳤다. 그리고 그 대가로 잘 인쇄된 주식 증서를 받았다. 그의 마음속에는 이미 부자가 된 자신의 모습이 그려지고 있었다.

여기서 우리는 말재주 좋은 사업가들이 허황된 부를 약속하며 순진한 이들을 유혹하는 전형을 본다. 그들은 온갖 방법을 동원해 황무지, 새 유전, 셀 수 없이 많은 제안을 아름답게 포장한다. 하지만 이 금광의 내막을 파헤쳐보면 사실은 달랐다.

늙은 은둔자가 오랫동안 광산을 소유했고, 품위 높은 광석을 가끔 팔긴 했다. 그의 광산은 대형 광산 바로 옆이었다. 하지만 광고에는 현 소유주들이 금맥을 찾으려 부단히 노력했으나 실패했다는 언급이 없었다. 사실 부광富鑛이 아니라 옆 광산에서 훔친 것이라는 소문이 꾸준히 돌았다.

옆 광산 광부들이 광석을 빼돌릴 수 있게 노인이 자기 광산에서 캔 것처럼 도와줬다는 것이다. 부광은커녕 그 흔적조차 찾지 못한 새 주인들은 약간의 권리금을 받고 임차권을 넘기는 걸로 만족했다. 사업가들은 광산이 아닌 그 임차권에 대한 주식을 팔고 있었다. 광석이 발견되면 우선 매입할 수 있는 권리 정도에 불과했다. 즉, 한방에 돈 벌기를 갈망한 농부는 쓸모없음이 드러날 게 뻔한 땅의 임차권에 투자한 셈이었다.

농부가 성급히 돈을 쏟아붓기 전, 따져봐야 할 점들이 있다.

A. 광고 문구처럼 그 광산에 금이 가득하다면 왜 하필 낯선 그에게 투자를 권유할까? 주인들이 대출을 받아 개발하면 될 텐데 말이다.

B. 그는 거금을 들여 무언가를 살 때 왜 꼼꼼히 점검하지 않는가? 소, 농지, 탈곡기를 새로 구입할 때처럼 말이다.

C. 황금빛 기회처럼 보이는 이 제안을 은행원이 만류할 만한 이유는 무엇이겠는가?

이 문제는 엄청난 부를 약속하는 것들이 사실 말재주꾼들이 노력 없이 돈 버는 미끼에 불과함을 일깨워준다. 불쌍하고 늙은 미주리 농부는 차라리 3천 달러를 불살라버리는 편이 나았을 것이다. 그는 그 돈을 영영 돌려받지 못했고, 애초에 그럴 가능성이 전혀 없었다.

이 사례는 우리에게 투자의 위험성과 신중한 판단의 중요성을 강조하며, 쉽게 돈을 벌 수 있다는 제안에 현혹되지 말아야 함을 상기시킨다.

더 깊이 공부하기 위한 질문들

◇◇◇

"공부하고 준비해두면 언젠가 기회가 온다."

– 에이브러햄 링컨

다음에 제시되는 질문들은 1부 각 사례의 교훈을 강조하면서 간과하기 쉬운 요점들을 짚어준다. 단순히 문제의 정답을 정리하기보다는, 깊이 있는 이해와 통찰력을 기르는 데 초점을 맞추었다.

개인 재무 관리를 정밀 과학처럼 취급할 수는 없다. 따라서 다채로운 시각에서 문제를 바라보고 토론할 수 있도록 의도적으로 논쟁의 여지가 있는 질문들을 던졌다. 그런 만큼 확실한 답은 제시되지 않는다.

이 책을 통해 자산 관리 역량을 키우고 싶다면, 먼저 각 질문과 관련된 대목을 찾아보자. 그런 다음 사례와 근거를 곱씹어 나만의 답을 상세히 적어보자. 추후 손쉽게 참고할 수 있도록 잘 정리해두는 것도 잊지 말자.

재물을 간절히 원했던 남자

1장 질문

한 사람이 어떤 분야에서 성공했다면, 두뇌를 잘 활용했다고 여기는 것이 당연하다. 간혹 운이 좋아 우연히 부자가 될 수도 있지만, 대개는 그렇지 않다. 어느 분야에서든 꾸준히 성공하는 이유는 '생각'을 잘했기 때문이다.

성공할 만한 자격을 갖추고, 자신을 발전시키려는 건전한 야심을 품은 사람이 반시르처럼 좌절감을 느끼고 있다면 불운이나 다른 내적 문제가 있을 것이다.

그는 부지런하고 양심적인 장인으로 보이며, 비록 빠른 두뇌를 가지진 않았지만 인내심 있고 사려 깊은 사람이다. 그의 말 몇 마디를 통해 우리는 그의 성격을 정확하고 간결하게 파악할 수 있다.

다음 질문들을 통해 그가 쉽게 성공하지 못하는 이유를 찾아볼 수 있을 것이다. 오늘날에도 반시르처럼 더 노력하지 않고도 잘 살 수 있고 마땅히 잘 살아야 할 사람들이 많다.

1. 일감이 없는 것도 아닌데 반시르가 빈둥거리는 모습은 마치 좌절감이 마약처럼 작용해 정신적, 육체적으로 마비된 것처럼 보인다. 이런 경우를 몇 가지 예로 들어보거나, 그런 상황에 대한 자신의 견해를 적어보자.

2. 그런 기분에 젖은 그가 마차 완성에 몰두하며 시름을 잊으려 하지 않고, 생각할 시간을 갖는 게 어떤 면에서 적절하다고 생각하는지 써보자.

3. 그가 더 만족스럽게 살려면 마차 주문을 더 받아야 할까, 아니면 마차를 더 비싸게 팔아야 할까? 혹은 그의 손에 돈이 더 들어와봤자 빚만 불어나고, 하루 벌어 하루 사는 생활이

계속될 뿐이라서 의미가 없을까?

4. 반시르의 꿈은 돈에 대한 진짜 욕망을 보여준다. 그는 훌륭한 장인이지만 겨우 먹고살 정도밖에 벌지 못한다. 왜 그런 상황이 되었는지 그 이유를 생각나는 대로 모두 적어보자.

5. 반시르는 "아무나 만들 수 없는 가장 멋진 마차를 제작하려고 땀 흘려 일했지. 그러면서 언젠가는 신께서 내 훌륭한 행동을 인정해주시고, 큰 재물을 내려주실 거라고 겸손한 마음으로 소망했어"라고 했다. 우리도 그런 비밀스러운 꿈, 즉 언젠가 좋은 때가 오리라는 꿈을 품고 있진 않은지 살펴보자. 그런 감정이 있다면 자세히 써보자.

6. 어떤 사람이 '이 일은 내게 너무 하찮아. 그러나 언젠가는 내가 얼마나 훌륭한 사람인지 인정받게 될 거야. 그렇게 되면…'이라고 생각한다고 해보자. 이런 경우, 그 사람은 자신이 더 나은 일을 할 만한 자격이 있음을 입증하기 위해 최선을 다하기보다는, 마냥 이런 근사한 상상에 빠져서 현실과

동떨어진 채 살아갈 수도 있다. 사람들이 이런 식으로 안일하게 사는 이유를 말해보자.

7. 반시르가 그 누구도 만들 수 없는 최고의 마차를 만들겠다는 야망에만 사로잡혀 마차 제작을 일로만 여기게 된 이유는 무엇일까? 자신의 즐겁고 성공적인 삶을 가꾸는 방편으로는 생각할 수 없었을까?

8. 코비와 반시르 모두 더 좋은 수금을 사고 싶어 하지만, 실제로 살 수 있다고 생각하지는 않는다. 그들이 현실을 직시하지 않고 상상에만 그치는 이유는, 자신들의 형편으로는 그런 악기를 살 수 없다는 걸 알기 때문일 것이다. 하지만 그런 제약에도 불구하고, 그들은 꿈을 꾸는 것을 포기하지 않는다. 그렇다면 왜 두 사람 모두 현실을 직시하지 않고 한낱 상상에만 그치고 마는지 그 이유를 설명해보자.

9. 반시르와 코비 같은 어른이 헛된 꿈만 꾸면서 꿈을 현실화하지 못하는 이유는, 실용적 지식이 부족하기 때문이다. 그

들은 내면의 세계에서는 풍성한 상상력을 가지고 있지만, 그것을 외부 세계에서 실현할 구체적인 계획이나 방법론이 없다. 꿈을 현실로 만들기 위해서는 두 세계를 연결하는 실질적인 도구가 필요하다. 당신에게 있어 그 도구는 어떤 것인가?

10. 반시르와 코비 둘 다 아카드가 기꺼이 도움이 되는 조언을 해주리라 확신했다. 아카드는 어마어마한 부자라 돈 없는 이들이 와서 도와달라 하는 일이 잦았다. 아카드는 원래 아량이 넓고 돈도 엄청 많았지만, 돈을 빌려주기보다는 시간을 할애하여 친구들이 스스로 살 길을 모색하도록 돕는 것을 더 선호했다. 그 이유가 무엇이었을지 생각해보자.

11. 인생의 전환점이란 그때부터 달리 생각하거나 행동한다는 뜻이다. 아카드를 찾아가기로 한 반시르와 코비의 결정이 어떻게 그들 삶의 전환점이 되었고, 어떤 결과를 낳았는지 설명해보자.

12. "우리는 혼신의 힘을 다했지. 그래서 결국 뜻을 이뤘어"라고 코비가 말한다. 자신의 삶에서 어떤 일에 전력을 다하고 있는지 써보자. 가장 신경 쓰는 일부터 시작해서, 균형 잡힌 삶을 위해 자신에게 가장 중요한 것이 무엇인지 목록을 만들고 중요도 순으로 정리하자. 그런 다음 최우선시하는 일에 왜 가장 많은 관심을 쏟아야 하는지 그 이유를 적어보자.

13. 코비는 "새로운 깨우침으로 우리는 소망을 이루는 멋진 방법을 찾아낼 수 있을 거야"라고 단언했다. '새로운 깨우침'이 자신에게 무슨 의미인지 써보자. 깨우침을 얻으려 의지할 아카드 같은 친구가 없다면 어떻게 스스로 새로운 깨우침에 도달할 수 있을까?

바빌론 최고의 부자

2장 질문

이 수업에서는 돈을 모으는 데 필요한 첫 번째 기본 원칙인 번 돈의 일부를 저축하는 것에 대해 다룬다. 아무리 수입이 많더라도 일시적인 즐거움만 주고 쉽게 빠져나간다면 별 도움이 되지 않는다. 반면, 적은 수입이라도 현명하게 관리하면 결국 수입이 많을 때보다 훨씬 더 큰 만족감과 즐거움을 얻을 수 있으며, 이를 자산으로 삼을 수 있다. 우리 대부분은 많지 않은 수입을 잘 활용해야 하므로, 가진 돈을 슬기롭게 관리하는 법을 배우는 것이 필요하다.

1. 아카드가 지적한 대로, 열심히 일하면서도 그저 생계유지에만 급급한 두 가지 이유를 좀 더 구체적으로 설명해보자.

2. 노력 없이 갑자기 큰돈을 손에 넣은 사람을 알고 있는가? 그런 사례를 들 수 있다면, 그들이 어떻게 되었는지, 계속 부자로 살았는지에 대해 이야기해보자. 만약 그런 사례를 알지 못한다면, 아카드의 견해에 동의하는지와 그 이유에 대해 설명해보자.

3. 젊은 시절 아카드에게는 부자가 될 기회가 찾아왔다. 그의 친구들에게 똑같지는 않더라도 비슷한 기회조차 주어지지 않았다고 생각하는가? 부자가 되는 데 반드시 갖춰야 할 자질이 무엇이라고 보는지 자신의 생각을 적어보자.

4. 아카드는 젊은 시절, 인생에서 더 큰 성취를 이루기로 결심했다. 그렇게 하기 위해 그가 가장 중요하게 여겼던 두 가지 필요조건은 무엇인가?

5. 아카드는 "학습에는 두 가지 종류가 있다고 했어. 하나는 배워서 아는 것이고, 다른 하나는 모르는 것을 알아내는 방법을 익히는 훈련이야"라고 말했는데, 이게 무슨 뜻인지 설명해보자. 둘 중 어떤 것이 더 유익할까?

6. 대금업자 알가미시는 아카드가 부자가 되려면 어떤 규칙을 시작점으로 삼아야 한다고 조언했는가? 이보다 더 나은 규칙이 있다면 그것이 무엇인지, 그 이유와 함께 제시해보자.

7. 알가미시는 자신의 조언대로 돈을 모으기 시작한 아카드에게, 수입 외에 무엇을 가지고 재산을 불릴 것을 권했나? 5년, 10년, 25년에 걸친 복리 이자로 돈이 얼마나 불어날 수 있는지 사례를 들어 설명할 수 있겠는가?

8. 알가미시는 아카드에게 언제 저축하라고 조언했나? 왜 이때가 가장 적절한 시기였는지 그 이유를 설명해보라.

9. 아카드는 어떻게 첫 투자에서 모든 것을 잃게 되었는지 이

야기한다. 당신도 이와 비슷한 방식으로 투자해 전부 잃었다고 한다면(혹은 상상하면서) 그 경험을 써보자. 인물이나 상황을 현재로 바꾸더라도 결론은 비슷할까?

10. 앞선 질문처럼 당신이 아카드의 두 번째 투자와 유사한 방식으로 투자했다고 가정하고 가상의 경험을 써보자.

11. 아카드가 모아둔 돈을 벽돌 만드는 사람에게 맡긴 것은 현명하지 못했지만, 방패 만드는 사람에게 맡긴 것은 왜 슬기로운 선택이었을까?

12. 그다음으로 아카드는 어떤 실수를 저질렀나? 알가미시가 지적한 아카드의 잘못된 행동을 현대의 사례로 바꾸어서 써보자.

13. 아카드가 배워서 더 큰 성공의 토대로 삼은 세 가지 위대한 법칙들을 근거를 들어 자세히 풀어보자.

14. 아카드는 왜 자신이 그저 운 좋게 알가미시의 유산을 물려받았다는 친구의 말에 동의하지 않았을까?

15. 당신은 의지력에 대해 어떻게 생각하는가? 의지력의 어떤 기능이 부자가 되는 데 도움이 되는지 설명해보자.

16. 힘들고, 어리석고, 비현실적인 일은 맡지 말아야 한다는 아카드의 말에 동의하는가? 동의한다면 그 이유는 무엇인가?

17. 부자가 되고 싶지만, 자신이 번 돈을 저축하는 것 외에는 다른 방도가 없는 이들에게 어떤 방법을 추천하겠는가?

18. 아카드는 친구들에게 자신과 가족이 쓸 돈을 무작정 아끼라고 조언했는가? 보통 사람이나 가족이 큰 불편 없이 생활비의 10퍼센트를 줄일 수 있다고 보는가? 어떻게 그렇게 할 수 있을지 제안해보자.

19. 아카드에게 질문한 사람들 중 일부는 왜 알가미시가 계속 아카드를 찾아와 이야기를 나누었는지 알아챘다. 당신은 그 이유가 무엇이라고 생각하는가?

20. 아카드가 더 많은 기회를 얻으려면 자신을 어떻게 발전시켜야 했을까?

21. 아카드는 삶의 어느 순간, 미래의 성공을 향한 확실한 출발선에 섰다. 이 시점에서 그는 더 넓고 깊은 통찰력을 가졌기에 그저 먹고 살기 위해 애쓰던 삶에서 벗어날 수 있었다. 언제, 그리고 왜 이런 일이 일어났다고 생각하는지 써보자. 당신은 인생의 그런 전환점에 도달했다고 느끼는가? 아니면 이미 지나갔거나 아직 그런 순간에 이르지 못했다고 여기는가? 이유를 설명해보자.

부자가 되는 일곱 가지 비결

3장 질문

우리는 이미 수입의 일부를 저축해야 부자가 될 수 있다는 것을 배웠다. 또한 성공에 대한 굳은 의지와 장애물을 극복할 수 있는 확고한 결단력도 필요하다. 하지만 이것만으로는 부족하다. 재정 계획과 실행 계획이 있어야 한다. 돈을 손에 넣었을 때 우리가 원하는 대로 재산을 늘리기 위해 어떻게 활용해야 할지 알아야 한다.

이 수업에서는 돈 문제를 효과적으로 관리하는 방법을 간략히 알려줄 것이다. 그 방법을 따르면 더 넓고 다양한 영역에서 성공할 수 있다. 여기서 소개하는 '부자가 되는 일곱 가지 비결'은 삶의 근간을 다루는 광범위한 원칙들을 제시하므로 우리에게 대부분 적용 가능하다. 이 비결은 기업 운영에도 약간의 변형을 거쳐 활용할 수 있다. 이 수업을 공부하고 질문들에 답하면서 당신이 활용할 만한 방법, 따라 하기 좋고, 당신의 소망과 야망을 이룰 수 있는 방법을 찾아보자.

1. 바빌론 왕 사르곤이 걱정한 백성들의 가난한 처지는 성경에 나오는 풍요 이후의 기근 시기와 비슷하다. 현대에도 이와 유사한 경제적 호황과 불황의 사이클이 반복되곤 한다. 경기 활성화를 위해 소비를 장려하자는 주장도 일리가 있지만, 동시에 미래의 어려운 시기에 대비해야 한다는 의견도 있다. 당신의 관심사를 바탕으로 이유를 설명해보자.

2. 아카드는 수입이 적은 수업 참여자에게 어떤 조언을 했는가? 그가 부자가 되기 전에 이런 조언을 한 이유는 무엇일까?

3. 아카드는 수입의 10분의 9로 생활하는 데 별 어려움이 없었다고 주저 없이 말했다. 이를 당신의 처지에 적용할 수 있

을까? 현재 평균 지출의 10분의 9 수준으로 예산을 짤 수 있 겠는가?

4. 아카드는 두 번째 비결에서 수입이 늘어날 때 이상하게도 지출도 그에 비례해 증가하는 경향이 있다고 지적했는데, 당신은 왜 그렇다고 생각하는가?

5. 아카드는 세상에서 가장 부유한 도시의 최고 부자였지만, 자신의 모든 욕망을 충족시킬 순 없다고 인정했다. 당신에 게 채우지 못한 욕망이 있다면 목록을 작성하자. 그리고 '쉬 움', '어려움', '비현실적' 세 범주로 분류하자. '쉬움'에는 마 음만 먹으면 쉽게 이룰 수 있는 욕망을, '어려움'에는 상당한 돈이나 시간, 노력이 들거나 가족 등을 돌봐야 하므로 충족 하기 어려운 욕망을, '비현실적'에는 모험, 연애, 여행처럼 비현실적이거나 자원이 부족해 이루기 힘든 욕망을 넣자. 이는 우리의 욕망을 드러내고 억압에서 벗어나게 하는 훌 륭한 방법이다. '쉬움' 목록에서 정말 쉽게 이룰 수 있는 욕 망을 하나씩 천천히 따져보자. 너무 많이 생각하면 재미가

없으니 느긋이 음미하자. '어려움' 목록에서 시간과 돈, 노력을 들여서라도 이룰 만한 가치가 있는 욕망을 찾아보자. 있다면 그것을 성취하기 위한 계획을 세우고 준비하자. '비현실적' 목록에서는 당신의 자연스러운 갈망을 대신 해소할 방법을 모색하자. 책을 읽으며 상상 속 모험과 여행을 즐길 수 있다. 학습 모임에서 정신적, 사회적 성장을 이룰 수 있다. 취미 활동으로 넘치는 에너지를 흥미롭고 건전하게 발산할 수 있다. 만족스럽고 쉽게 할 수 있는 일이 많으니, 억눌린 욕망에 사로잡혀 살지 말자.

6. 아카드의 지출 관리 방식을 당신의 상황에 어떻게 적용할 수 있을까? 이를 통해 불필요한 지출을 줄이는 구체적인 방법을 생각해보자. 당신의 일상에서 실천 가능한 예시를 들어보자.

7. 당신은 예산 수립을 쓸모없고 번거로운 것으로 여기는가, 아니면 아카드처럼 덜 중요한 일에는 돈을 쓰지 않고 소중한 소망을 이루는 데 도움을 주는 친구로 생각하는가?

8. 저축과 재산 축적의 차이를 정의해보자. 아카드는 이 질문에 어떻게 답했을까?

9. 당신에게 가장 큰 만족을 주는 부유함은 어떤 것인가? 물질적 풍요, 정신적 풍요, 경험의 풍요 등 다양한 측면을 고려해보고, 구체적인 이유와 함께 설명해보자.

10. 투자할 때 고려해야 한다고 아카드가 조언한 세 가지 요소를 더 자세히 설명해보라.

11. 투자할 때 오로지 자신의 판단을 믿는가, 아니면 다른 이와 상의해야 한다고 보는가? 다른 사람이라면, 누구와 의논하겠는가?

12. 자가 주택을 소유한다면 누가 가장 큰 이득을 얻게 될까? 내 집 마련에 따른 장점을 설명해보자.

13. 수입의 일부로 주택 대출금을 상환한다면, 이 금액을 필수

생활비로 봐야 할까, 아니면 영구 저축 또는 잉여금으로 봐야 할까? 아니면 각 항목에 배분해야 할까?

14. 아카드는 뜻밖의 사태에 대비하고 노년에 소득이 없을 때를 위해 재정적으로 여유 자금을 마련할 것을 강조했다. 오늘날 재정 대비를 위해 활용할 수 있는 방법은 무엇인가? 당신은 재정적으로 얼마나 준비해야 한다고 생각하며, 어떻게 실현 가능할까?

15. 아카드가 필경사로 일하며 돈 버는 능력을 기르기 위해 활용한 방법에 대해 살피고, 그런 방법들을 당신 삶에 어떻게 적용할 수 있을지 설명해보라.

16. 세상은 항상 변한다. 이런 변화 속에서 열심히 준비한 사람에게 좋은 기회가 온다고 생각하는가? 주변에서 미리 준비해 기회를 잡은 사람의 예를 들 수 있는가? 그들의 준비 과정과 성공 이야기를 간단히 나누어보자.

17. 당신의 자존감을 지키기 위해 반드시 해야 할 네 가지를 생각해보자. 각각에 대해 그렇게 생각하는 이유를 설명해 보라.

18. 일곱 가지 비결을 각각 요약하고 압축해서 적어보자. 이것을 눈에 잘 띄는 곳에 보관하거나 붙여두고 자주 읽어보자. 일곱 가지 비결을 매일 되새긴다면 당신의 재정이 계속 풍요로워지는 데 도움이 될 것이다.

행운의 여신

4장 질문

운이 좋기를 바라는 것은 모든 인간의 지극히 자연스러운 소망이다. 우리가 재정적으로 행운을 얻을 수 있는지가 이 이야기의 주제다. 만약 행운을 불러들이는 방법이 있다면, 분명 그 방법을 배우고 싶을 것이다. 마찬가지로 불운을 물리칠 수 있는 방법이 있다면, 그것도 알고 싶을 것이다.

1. 사전에서 '행운'과 '기회'라는 단어에 관한 정의를 찾아보자. 그리고 둘의 차이점을 설명해보자.

2. 당신이 돈과 관련해 운이 좋았던 경험을 자세히 적어보자. 그저 우연의 결과였는지, 아니면 당신에게 찾아온 기회를 잘 활용했기에 가능했던 것인지 설명해보라.

3. 당신이 돈과 관련해 운이 나빴던 일을 상세히 적어보자. 미루는 습관 탓이었는지, 지나치게 성급하게 행동했기 때문인지, 아니면 곰곰이 생각해보니 당신 자신의 잘못으로 볼 수 있는 다른 이유 때문이었는지 생각하고 설명해보라. 이러한 반성은 미래의 재정 결정에서 더 나은 판단을 내리는 데 중요한 과정이다.

4. 바빌론 사람이 도박장에서 1세겔씩 200번 베팅한다고 가정해보자. 평균의 법칙과 도박장의 수익 구조를 고려할 때, 그 사람의 최종 결과는 어떨까? 이익을 볼까, 아니면 손해를 볼까? 예상되는 금액은 얼마일까? 간단한 계산을 통해 추정해보고, 도박의 위험성에 대해 생각해보자.

5. 당신이나 주변 사람들이 운에 좌우되는 게임, 복권, 주식 투

자 같은 내기를 했던 경험을 사례로 들어보자. 뉴스에 나온 얘기는 제외하고, 본인이나 지인들이 겪은 이야기만 적어보자. 대체로 돈을 벌었는지 잃었는지 가늠해보자. 때때로 얻는 이익이 손실보다 더 클지 당신의 현실적 지식을 바탕으로 입증해보자.

6. 나이 많은 상인이 지적한 바를 면밀하게 검토해보라. 그의 지적 중 맞는 부분과 맞지 않는 부분을 짚어보자.

7. 토지 투자에서 두 가지 전략을 비교해보자. 첫째, 토지를 구입해 그대로 판매하는 방법. 둘째, 토지에 관개 시설을 설치해 가치를 높인 후 판매하는 방법.
어느 쪽이 더 큰 이익을 낼 수 있을까? 각 방법의 장단점과 잠재적 수익을 고려하여 당신의 의견을 제시해보자.

8. 젊은이는 기회를 잡을 수도 있었지만, 사업에 뛰어들지 않았다. 그 사업으로 돈을 번 무리에 끼지 못한 이유가 앞날을 내다보는 능력이 부족해서였을까, 질질 끄는 태도 때문이

었을까, 아니면 운이 나빴기 때문일까? 당신의 견해는 어떠한가? 왜 그렇게 생각하는지 설명해보라.

9. 어린 나이에 수입의 일부를 저축하기 시작하는 사람들에게 어떤 유리한 점들이 더 있을지 설명해보라. 최소 세 가지 이상의 장점을 들면서 각각을 간략히 설명하는 글을 써보자.

10. 값을 즉시 치르지 않으면 좋은 조건의 거래를 놓칠 수 있다는 안장 만드는 사람의 충고를 다시 생각해보자. 만약 구매자가 거래를 원하는데, 판매자가 마음을 바꾸면 어떻게 될까? 판매자가 돈을 돌려주고 합법적으로 거래를 취소할 수 있을까?

11. 질질 끄는 성격을 지닌 사람을 떠올려보자. 하찮은 일에도 결정을 차일피일 미루는 사람이 신중한 성격 탓인지, 아니면 그저 미루는 습관 때문일 가능성이 높은지 말해보자. 당신은 이러한 습관에 대해 어떻게 생각하는가?

12. 질질 끌다 손해를 보거나 잘못되는 일들에 관해 상인과 아카드가 한 말을 되새겨보자.

13. 옷감 짜는 사람의 의견을 다시 살펴보며 적어보자. 그리고 당신도 그의 결론에 동의하는지 혹은 동의하지 않는지, 그 이유는 무엇인지 설명해보라.

14. 아카드는 막대한 부자일 뿐 아니라 예리한 관찰자이기도 했다. 성공과 실패의 원인이 사람들의 내면에서 비롯된다는 그의 주장에 대해 상세히 설명해보라.

15. 행운은 불러들일 수 있을까? 이 수업에서 배운 바를 되짚어보며 서술해보라.

16. 나폴레옹은 확실히 행동하는 사람이었다. 그는 스스로 상황을 자신에게 유리하게 만들어냈다고 알려져 있다. 이러한 적극적인 태도와 전략적 사고는 비즈니스 세계에서도 매우 중요하다. 사업가가 남아도는 커피를 처분하기

위해 어떻게 상황을 조성할 수 있을지 사례를 들어 설명해보자.

17. 영업사원들은 대개 실제 잠재 고객에게 어느 정도 횟수 이상 끈질기게 연락하면 평균의 법칙에 따라 많은 주문을 받을 수 있으리라 믿는다. 이는 도박장에서 평균의 법칙이 불리하게 작용하는 것과 반대다. 영업에서 평균의 법칙이 어떻게 유리하게 작용하는지, 그리고 이것이 도박과 어떻게 다른지 비교하여 설명해보자.

18. 배움의 전당을 잠깐 다녀오며 익힌 내용을 토대로, 당신이 실천한다면 도움이 될 만한 향후 행동 계획을 세워보자. 철저한 계획을 수립하고 성실하게 노력하면, 그에 걸맞은 보상을 반드시 얻게 될 것이다. 그 보상이 곧 당신이 스스로 불러들인 행운의 결실이 된다.

재물의 다섯 가지 법칙

5장 질문

우리에겐 행동과 결정에 영향을 미칠 수 있는 여러 지적, 정서적 특성들이 있다. 이 수업의 목적은 부자가 되기 위해 노력하는 모든 이에게 어떤 유혹이 찾아올 수 있는지 이해시키고, 그런 유혹을 꿰뚫어보는 안목을 길러주는 데 있다.

부자로 가는 넓고 곧은 길은 꽤 안전하다. 그 길을 먼저 걸었기에 잘 알고 기꺼이 조언해주는 이들이 많기 때문이다. 하지만 길을 가다 보면 매력적인 샛길도 무수히 나타난다. 흔히 모은 돈을 활용해 큰돈을 벌 기회, 즉 부자 되는 지름길을 안내한다며 유혹하는 사람들이 많다. 사리사욕을 채우려는 자들이

'속성으로 부자 되는' 지름길이라며 권하는 그 길에는 사실 사람들의 주머니를 노리는 도둑과 강도들이 도사리고 있다.

누구나 안전하게 부자가 되는 길을 가면서 모은 돈을 잃지 않기를 원한다. 사기꾼들은 이 점을 노려 적은 투자로 거액을 벌 수 있다는 환상을 심어주며 '일확천금'의 함정에 빠뜨려 투자자들의 돈을 가로챘다.

이 수업에서는 재물의 다섯 가지 법칙을 마음에 새기라고 강력히 권한다. 그러면 앞으로 여윳돈을 투자할 때 현명히 판단해, 원금을 안전히 지키고 필요할 때 회수하며 적정한 수익을 얻을 만한 곳에 투자할 수 있다.

1. 노마시르는 기회를 찾아 바빌론을 떠나 자매 도시 니네베로 갔다. '남의 떡이 커 보인다'는 속담이 있다. 기회의 땅을 찾아 떠나는 게 현명할까? 아니면 다른 조건이 동등하더라도 낯선 땅의 이방인으로 사는 것이 심각한 불리함이 되어, 성공하려면 반드시 극복해야 할 장애물처럼 느껴지는가? 낯선 곳으로 갈 때의 장점을 나열해보자. 익숙하고 편안한 곳에 머무는 것의 장점도 열거해보자.

2. 백마 탄 남자들이 니네베의 말 주인과 협력해 노마시르를 속인 방식을 설명할 수 있는가? 요즘 사기꾼들이 기차역, 호텔, 번화가에서 돈 많은 이방인과 친해지려 하는 수법과 비슷한가? 그런 사기 유형과 속이는 방식에 대해 들었거나 읽은 사례를 들 수 있는가?

3. 전혀 경험이 없는 분야의 사업을 시작해서 돈을 벌려고 했던 사람의 사례를 아는가? 그 사람의 사업이 어떻게 됐는지 사실대로 말해보자. 경험 없는 사람이 새 사업에 도전했을 때 성공 가능성이 얼마나 된다고 보는가?

4. 노마시르는 잘 모르는 남자와 동업하며 모험을 한 것일까? 이런 식의 동업으로 성공한 사례를 하나라도 들 수 있나? 누구와 동업해야 성공할 수 있을지 의견을 말해보자. 판매, 회계, 광고, 제조 관리 등 어느 분야의 경력과 실력을 갖춘 이와 손잡는 게 좋을까? 사업 운영에서 잘 협력하려면 어떤 조합이 잘 맞고, 어떤 조합은 맞지 않는다고 말할 수 있나?

5. 수입이 생기자마자 써 버리는 사람보다 수입의 일부를 저축하는 이에게 재물이 더 쉽게 모이는 이유를 설명할 수 있는가? 즉, 왜 절약하는 사람은 대개 돈이 많은 반면, 낭비하는 사람은 궁핍해져 오랫동안 돈 때문에 심히 고통받는 걸까? **재물의 첫 번째 법칙!**

6. 어떤 이들은 투자해도 좀처럼 수익을 내지 못하는데, 돈을 모을 뿐 아니라 돈으로 돈을 버는 사람에게는 돈이 부지런히 일하는 것처럼 보이는지 그 이유를 설명할 수 있는가? 모인 돈을 대하는 방식과 관련이 있다고 믿는다면, 어떻게 그런지 설명해보라. **두 번째 법칙!**

7. 누구에게나 돈이 달라붙을 수 있다는 생각은 비현실적으로 들릴 수 있으나, 근거가 있다. 수입이 많아 보이지 않아도 서서히 상당한 돈을 모은 사람, 혹은 반대로 돈이 없어 허덕이는 사람의 사례를 들 수 있는가? **세 번째 법칙!**

8. 지키고 싶지만 술술 새어나가는 듯한, 돈에 대한 당신의 경험을 얘기해보자. 개인 투자에는 관심 없지만 돈을 잘 관리하는 은행원이나 전문가 집단의 조언을 구해 투자해본 적이 있는가? 영업사원의 말을 듣고 투자하면 안전할까? 제안하는 건 그의 권리지만, 투자 전에 그 제안의 안정성을 확인하는 것은 당신의 책임이 아닐까? **네 번째 법칙!**

9. 엄청난 이익을 안겨준다는 유혹적인 계획을 무모하게 믿었다 돈을 잃은 사람을 아는가? 누군가가 싸다고 홍보해서 투자한 주식으로 수익을 본 사례는? 시장 가치로 확인되지 않은 막연한 제안에 현혹돼 투기성 투자를 한다면 큰 위험 없이 수익이 보장될까? **다섯 번째 법칙!**

10. 노마시르의 삶에서 어느 시점에 그의 재정관이 변화했다고 볼 수 있을까? 빨리 부자가 되려는 비현실적인 생각에서 벗어나 안정적인 재정 기반을 마련하기 시작한 때는 언제일까?

11. 성문 건설에 필요한 청동을 미리 사자는 노예 주인의 계획이 믿음직한 사업 제안이었다고 보는가? 왜 그렇게 생각하는지 이유를 설명해보라.

12. 만일 당신이 노마시르가 합류한 곳과 같이, 여러 사람이 돈을 모아 투자하는 단체를 안다면 그곳이 회원들에게 제공하는 저축, 교육, 수익 창출의 이점을 설명해보라. 그런 단체가 회원들에게 어떤 이점을 줄 수 있을지 이야기해보자.

13. 노마시르는 돈 그 자체보다 돈에 대한 지혜의 가치를 더 높이 평가했다. 당신의 견해는 어떤지, 왜 그렇게 생각하는지 설명해보라.

14. 칼라바브는 "뭔가 이상한 마법으로 재산을 모은 게 아니야"라고 했다. '행운이 오기를' 간절히 바라고, '뜻밖의 횡재'를 원하고, 수고하지 않고도 언젠가 부자 될 거라는 환상을 품은 이들이 맞이할 해로운 영향에 대해 당신의 소견을 이야기해보자.

15. 당신이 어리석은 결정이나 행동으로 돈을 잃은 적이 있다면, 잊기 힘든 불쾌한 기억이 문득 떠오르는 사건이 있는가? 있다면 그것에 관해 적어보라.

16. 당신이 했던 투자 중 손실을 입은 것에 대해 간략히 적어보고 왜 그런 결과가 나왔는지 설명해보라. 수익을 낸 투자에 대해서도 간략히 쓰고 이유를 말해보라.

17. 정말로 부자가 되려고 일부러 욕망을 키워 본 적이 있는가? 칼라바브는 "강렬한 욕망 안에 마법 같은 힘이 있다"라고 했다. 돈을 잘 모으고 다루려는 욕망에 집중하면 그걸 더 잘하는 데 도움 되는지, 왜 그런지 설명해보라.

18. **'재물의 다섯 가지 법칙'**을 외워 돈 관리 습관의 기준으로 삼자. 그 법칙에 따라 의사결정을 하고, 장점이 충분히 입증되지 않는 한 좋아 보이는 기회를 성급히 판단하지 말자.

바빌론의 대금업자

6장 질문

이 이야기에는 돈을 빌려주고 이자를 받으며 수익을 내는 마톤이 등장한다. 마톤은 로단과의 대화에서 돈을 빌려줄 때 반드시 고려해야 할 사항들을 언급한다. 마톤의 입장이라면 우리도 돈을 제때 돌려받기를 원할 것이다.

마톤은 현대의 은행원과 다를 바 없지만, 금속과 유리로 된 사무실 칸막이 안에서 일하진 않는다. 그는 오늘날의 은행원처럼 사람의 장단점을 예리하게 파악해야 했다.

요즘 은행원은 마톤처럼 담보를 기준으로 돈을 빌려주진 않을 것이다. 하지만 그들은 상사에게 배운 것과 자신의 경험을 바탕으로 이익도 내면서 안전하게 대출해주려고 한다. 만약 누가 "은행원에게 물어보려고 해. 근데 그들이 뭐라고 할지는 잘 알아"라고 말한다면, 그 사람은 냉혹한 현실이나 꿈을 깨뜨릴 진실을 마주하고 싶지 않은 상황이다.

우리 돈을 어떻게 쓸지 스스로 결정하고 싶은 마음은 당연하고 바람직하다. 그러나 낯선 분야에 대한 결정을 내리기 전, 우리 선택에 문제가 없는지 전문가 의견을 구하는 편이 현명하다.

1. 로단처럼 갑자기 5억 원을 손에 넣었는데, 사용에 아무 제약이 없다면 그 돈으로 무엇을 하고 싶은가? 오로지 자신의 욕구를 만족시키는 방향으로 적어보라.

2. 이제 5년 후를 상상해보자. 그 돈을 지금 어떻게 활용할 수 있을지, 그리고 5년 뒤에는 그때 어떻게 쓴 것이 가장 현명했다고 여길지에 대해 당신의 생각을 적어보자. 가령 그 돈으로 사업을 시작하거나, 직업 훈련을 받거나, 수익 증권에 투자할 수도 있다.

3. 돈을 최선으로 활용하려면 남의 뜻에 귀 기울이기보다 스스로 계획을 세우는 것이 더 지혜로운 이유를 말해보라.

4. 고려 중인 투자 계획에 대해 은행원(전문가)과 상의하지 말아야 할 이유가 있다면, 세 가지를 열거하라.

5. 반대로, 투자 자금 관리 경험이 전무하다면, 검토 중인 투자안에 관해 은행원과 의논해야 할 이유 세 가지를 들어보라.

6. 열심히 일하고 절약하며 돈을 모으는 사람에게, 친구나 친척이 안전하게 갚겠다는 충분한 보장도 없이 사업 자금을 빌려달라고 하는 것이 부당한 특혜를 요구하는 일이라고 생각하는가? 마톤이 로단에게 조언한 방식에 반대한다면, 왜 그런지도 설명해보라. 이어서 여동생과 매제에게 돈을 빌려주는 로단에게 책임이 있다면, 어떤 책임일지 자신의 견해를 적어보라. 앞서 나온 '치과의사와 매제의 문제'를 참고하라.

7. 가족 간 금전거래 사례를 안다면 최종 결과가 어떠했는지 자세히 써보라. 가족 사이 돈거래가 득이 될지 해가 될지, 그리고 왜 그렇게 보는지 설명해보라.

8. 충분한 자본이 있지만 경험이 부족한 경우와, 경험을 쌓으며 바닥부터 시작한 경우, 둘 사이에서 사업 성공 확률을 비교해보자. 어느 쪽이 성공 가능성이 더 높다고 보는가? 왜 그렇게 생각하는지 이유를 설명해보자.

9. 돈을 빌리려는 사람은 두 부류로 나뉜다. 좋은 위치에서 교육이나 생산적 목적, 혹은 사업 확장을 위해 돈을 빌리려는 경우를 A, 좋은 위치에 있지만 번 돈을 다 써서 청구서가 밀린 경우를 B라 하자. 은행원은 어떤 유형의 사람을 돕고 싶어 할지, 그 이유와 함께 설명하라. 또한 어떤 부류는 돕지 않으려 할지, 그 까닭도 밝히라.

10. 마톤은 어떤 점을 보고 대출 여부를 판단하는지 세 가지를 제시하고, 그가 그런 방식으로 돈을 빌려주는 것이 현명하

고 안전하다고 여기는 이유를 상세히 적어보라.

11. 금융기관에서 돈을 빌리려는 사람을 위해 보증을 선 경험
이 있다면 적어보라. 보증인이 되면 빌린 사람이 갚지 않
을 때 빚 전액과 이자를 대신 갚아야 하고, 추심으로 소송
을 당해 변호사 비용과 법원 비용까지 부담해야 한다는 걸
아는가? 모른다면 사업하는 친구에게 물어보라. 이 문제
를 아는 이들은 보증을 거절하거나 매우 신중히 검토한다.

12. 친구에게 돈을 빌려주면 친구와 돈 모두 잃는다는 속담이
있다. 비슷한 경험이 있다면 적어보라.

13. 마톤이 농부에게 돈을 두 번 빌려주었던 경우를 되새겨보
라. 그가 왜 현명하게 빌려줬다고 생각했는지 이유를 확인
해보라. 신용도에 근거한 대출이 무엇을 뜻하는지도 설명
하라.

14. 마톤은 로단에게 여동생의 부탁에 어떻게 대응하라고 조

언했는가? 이런 민감한 상황에 대처하는 다른 방법이 있는가? 로단은 여동생을 아끼고 돕고 싶지만 재산도 지키고 싶어 한다. 1년간 모은 금화 한 냥을 빌려주겠다는 제안이 너무 관대했나? 매제가 다른 일자리를 구해 로단의 빚을 갚기 위해 휴일이나 밤에도 기꺼이 일하리라 보는가?

15. 로단이 마톤의 제안대로 금화 한 냥만 빌려주겠다고 했을 때, 여동생이 화를 내며 로단을 인색하다고 비난한다면 어떤 마음이 들까? 로단은 마음이 약해져 경험 없는 매제에게 더 많은 재산을 빌려줘야 한다고 느낄까? 로단이 자신의 입장을 설명하고 방어하려면 여동생에게 어떤 말을 해야 할까? 이런 상황에서 솟구칠 수 있는 감정들을 고려하며, 로단의 입장에서 생각해보자.

16. 당나귀와 황소 우화를 다시 살펴보라. 당나귀는 선한 의도였으나 황소에게 별 도움이 되지 못했다. 굴욕감, 기진맥진, 고통이라는 대가를 치르고 어떤 결과를 얻었는지 보라. 가족 간 돈거래를 냉정하고 객관적으로 보지 않고

감성적으로 대할 때의 어리석음을 적어보라.

17. 오랜 경험 끝에 마톤은 돈을 빌려주고 회수할 때 지켜야
할 몇 가지 명확한 규칙을 세웠다. 이 규칙들을 당신의 생
각과 함께 적어보라. 그리고 앞으로 이 규칙들을 당신 삶
에 어떻게 적용할 수 있을지도 써보라.

18. 마톤이 마지막으로 하는 말의 요지를 되새겨보라. 그의 말
에 대해 세부적으로 어떤 부분에 동의하는지 혹은 어떤 점
에서 동의하지 않는지 설명해보라.

바빌론의 성벽

7장 질문

고대에는 성벽으로 둘러싸인 도시가 많았다. 몇 세기 전까지만 해도 성벽이 여전히 큰 역할을 했다. 그런 성벽은 자신과 자기 재산을 안전하게 지키고 싶어 하는 인간의 근본적인 욕망을 보여준다. 이 이야기를 통해 우리는 보호의 진정한 의미에 대해 생각해볼 수 있다.

1. 늙은 상인은 두려움에 휩싸여 "놈들이 우리 재산을 몽땅 털어가면 먹을 양식 하나 남지 않겠지"라고 탄식했다. 오늘날 도난과 화재로부터 재산을 보호하기 위해 활용할 수 있는

대비책으로는 어떤 것들이 있는지 설명해보자.

2. 아기를 안은 여인 또한 남편이 심한 부상으로 앓아누웠다며 그들이 과연 안전할 수 있을지 반자르에게 물었다. 만약 그 여인의 남편이 요즘 시대 사람이고, 부상으로 목숨을 잃게 된다면 그가 죽은 후 아내와 아이들의 생계를 위해 어떤 대비책을 마련할 수 있을지 이야기해보자.

3. 두 가지 유형의 생명보험에 대해 알아보자. 하나는 사별한 아내에게 한 번에 거액을 지급하는 방식이고, 다른 하나는 매달 일정 금액을 계속해서 제공하는 형태다.

4. 돈 관리에 경험이 부족한 여성이 돈을 잃을 위험을 고려하여 아이들이 독립할 때까지 사별한 아내와 자녀들을 가장 안전하게 보호할 방법을 선택해야 한다면 어떤 전략이 가장 적합할지 논의해보자.

5. 미국은 과거 심각한 공황을 겪으며 예금 인출 사태로 은행

들이 무너졌다. 하지만 현재는 예금자 보호 제도가 있어 일정 금액 한도 내에서는 예금을 돌려받지 못할 걱정을 하지 않아도 된다. 모든 은행이 이에 대한 정보를 제공한다. 예금이 남는 자금을 저축하기에 가장 편리한 수단인 이유를 설명해보라.

6. 동네 우체국을 통해 우체국 예금(소위 국가 보증 안전자산)이란 무엇인지 알아보자. 소액 투자자들에게 어떤 유리한 점이 있는지 설명해보라.

7. 당신이 대기업 직원이라면, 회사 내에 신용협동조합이 설립되어 있을 가능성이 높다. 있는지 확인해보고, 있다면 조합의 총무와 대화를 나눈 후 그러한 조직에 가입했을 때의 장점을 정리해보라.

8. 당신에게 부동산이 있다면, 부동산을 담보로 한 1순위 대출이라는 형태로 안전한 대출을 받을 수 있는 기회와 이자율에 대해 부동산 중개인과 상의해보자.

9. 당신이 부양해야 할 가족, 자산, 자금과 투자 등 당신과 관련된 것들을 돌아보자. 이 모든 것이 '성벽' 안에서 안전하게 보호받고 있는가? 어떤 상황이 닥치더라도 안심할 수 있는 방법이 있는지 확인해보라.

바빌론의 낙타 상인

8장 질문

이 이야기의 도입부에서는 명문가 출신으로 보이는 방황하는 청년, 마치 돛도 없고 키도 없이 버려진 배와 같은 타카드가 등장한다. 그는 빈털터리에 배고픔에 시달리고, 아는 사람들마저 그를 피해 다닌다.

그는 정말 원치 않았지만, 돈을 갚으라고 닦달할까 봐 피하고 싶었던 다바시르와 마주치게 된다. 다바시르는 이 청년의 처지를 이해한다. 그는 청년의 절박한 심경과 함께, 뭔가 조치를 취하지 않으면 그가 겪게 될 심각한 문제를 간파한다. 청년의 어리석음을 나무라는 건 그를 더욱 방어적으로 만들 뿐이다. 음식을 제공하거나 돈을 더 빌려주는 것은 피할 수 없는 결과를 잠시 미루는 것일 뿐이다. 그래서 그는 청년에게 자신의 젊은 시절 이야기를 들려준다. 다바시르의 경험담을 통해 우리는 그가 어떤 과정을 거쳐 자신의 운명을 주도하고 부자가 되었는지 알게 된다.

1. 타카드는 다바시르를 만나는 걸 꺼렸다. 왜 채무자가 채권자를 피하려 하는지 그 이유를 설명해보자. 만약 채무자가 빚진 것에 대해 전혀 수치심을 느끼지 않는다면 채권자와의 관계는 어떻게 될까?

2. "갚을 생각은 않고 빌릴 궁리만 하는 자에겐 불운이 따르기 마련이지"라는 다바시르의 말에 동의한다면, 그 이유를 더 자세히 적어보라. 단지 빌리겠다는 생각만 가득하다면 정작 필요한 것을 얻기 위한 다른 건설적인 방법은 모색하지 않게 된다는 의미일까?

3. 우르파 출신의 여행자는 얇고 투명해 색이 비치는, 그리고

세상 모든 것을 실제와 완전히 다른 빛깔로 보이게 하는 돌에 대해 언급했다. 궁핍함, 실직, 재난 등으로 세상이 이처럼 달라 보일 수 있는 사례를 들어보라. 이런 상황에서 사고방식이 어떻게 한동안 혼란스러워질 수 있는지 설명해보라.

4. 우울한 마음은 무기력과 좌절, 비효율을 초래한다. 타카드의 심리 상태를 묘사하면서, 어떤 외부 자극이 그의 선하고 훌륭한 본성을 일깨워줄 때까지 그가 계속해서 절망의 수렁으로 빠져들 수밖에 없었던 이유를 설명해보라.

5. 한 교도소 조사 결과, 수감자의 85퍼센트가 돈 때문에 범행을 저질렀다고 한다. 젊은 시절 돈의 소중함을 깨닫지 못하고 외상으로 물건을 사들이다 외상 대금을 갚기 위해 돈을 빌리고, 어려운 형편으로 아내와 헤어지며, 바빌론을 떠나 시리아에서 노예로 전락하기까지 다바시르가 거쳐 갔던 과정을 살펴보고 느낀 바를 적어보라.

6. 다바시르는 아내가 친정으로 돌아갔다는 언급 외에는 그녀에 대해 거의 이야기하지 않는다. 자세히 들여다보면, 가족이 헤픈 소비로 궁지에 몰렸다는 점에서 다바시르와 아내에게 동등한 책임이 있다고 보는 게 타당하다. 어떤 상황이었을지 당신의 견해를 밝히고, 아내 입장에서 친정으로 가기보다 더 지혜로운 선택은 무엇이었을지 제안해보라.

7. 다바시르는 2년간 사막에서 상인들을 돕거나 약탈하며 돈을 벌었지만, 빚 갚을 생각은 하지 않았다. 그는 빚에 대해 어떻게 생각했을까? 의무에서 벗어났다고 여겼을까, 빚이 너무 많아 포기했을까, 아니면 언젠가 큰돈을 벌어 바빌론 사람들에게 복수하겠다는 환상에 빠져 양심을 저버렸을까?

8. 다바시르는 "나는 은화 두 닢에 팔렸어"라고 하면서 자신이 어떻게 노예로 팔렸는지 설명한다. 옷까지 빼앗기고 그렇게 낮은 값에 소나 당나귀처럼 팔린다면 어떤 심정일까?

9. 시라의 도움으로 다바시르는 주인의 낙타를 돌보는 일자리를 얻어 자신의 실용적 지식을 활용하게 된다. 궁지에 몰린 사람들은 어떤 일이라도 해서 생계를 이어가야 하고, 비록 하찮아 보여도 이런 절박한 상황에서 얻은 직업이 나중에 성공의 토대가 되는 경우가 많다. 이런 사례를 찾아보라.

10. 시라는 다바시르에게 무척 직설적으로 말한다. 그녀는 "나약해서 이 신세가 되고도 어떻게 자신을 자유민이라 할 수 있겠는가?"라고 소리쳤다. 불운을 겪더라도 진정 내면에 자유인의 정신을 지니고 있다면 존경을 받을 수 있다는 그녀의 견해에 대해 어떻게 생각하는가?

11. 의무를 다하겠다는 생각만 있을 뿐, 실천을 위한 노력은 전혀 기울이지 않는다면 자존감이 사라지고 마음속에는 노예근성만 남게 된다는 주장에 동의하는가? 그렇게 생각하는 근거를 제시해보라.

12. 시라가 다바시르에게 너무 강압적으로 빚을 갚으라고 종

용한 것처럼 보이는가? 혹시 다바시르가 자존감을 회복할
다른 방도가 있었을까? 앞으로 잘하겠다는 결심만으로는
자존감을 되찾기에 부족한 이유는 무엇일까?

13. 시라가 남편의 노예가 도망치는 걸 도운 진짜 이유를 설
    명할 수 있겠는가? 다바시르가 동정심을 자아냈기 때문일
    까? 아니면 남편이 가장 아끼는 아내가 되지 못해 분노한
    탓이었을까?

14. 탈출해서 바빌론으로 돌아가라는 시라의 제안을 다바시
    르가 기꺼이 받아들인 것은, 그의 내면에 노예근성이 아닌
    자유인의 정신이 깃들어 있음을 입증하는 일이었다고 생
    각하는가? 왜 그렇게 보는지 이유를 들어보라.

15. 남편에게서 달아난 아내, 그리고 실수나 잘못을 저지르고
    고향을 등진 그 누구도 타향에서 행복할 수 없다는 시라의
    말에 공감하는가? 동의한다면 왜 그런지 설명해보라.

16. 다바시르의 삶에서 가장 위대한 순간이 찾아온다. 그때까지 그는 육신의 충동과 욕구, 동물적 본능에 지배되어 세상을 동물적 관점에서 바라보았다. 그런 기질로 인해 최악의 상황에 처하게 되어 사막에 쓰러져 죽음을 기다리는 지경에 이르렀다. 그것은 도망친 노예에게 걸맞은 최후였다. 그 순간, 어떻게 그의 내면에서 고귀한 자질이 떠올라 어리석음과 나약함을 질타하고, 거의 초인적인 의지로 지친 몸을 일으켜 바빌론으로 돌아가 잃어버린 자존감을 회복하게 했는지 설명해보라.

17. 노예근성과 자유인의 정신이 어떻게 다른지에 관한 다바시르의 설명을 다시 살펴보자.

18. 자유인의 정신을 회복한 다바시르와 같은 인물이 어떻게 다른 이들이 멀리하고 조롱하는 타카드를 연민의 시선으로 바라볼 수 있었는지 설명해보라.

19. "굳은 의지만 있다면 길을 찾을 수 있지"라는 말처럼, 당

신은 어떤 길을 모색하고 있는가? 성취하고 싶은 확고한 목표, 다바시르가 보여준 것과 같은 강인한 의지를 불러일으킬 만한 목표를 세우는 것은 어떤 면에서 유리한가?

바빌론에서 발굴된 점토판

9장 질문

이 수업에서는 우리가 목표를 향해 나아가는 과정에서 어떤 형태로든 끊임없이 마주치게 되는 장애물들에 대해 다룬다.

청산하기 어려운 빚으로 어려움을 겪는 사람은 여기에서 그 문제를 해결하기 위한 현실적인 방법을 찾을 수 있다. 그러나 이 수업에서 그것만 가르치려는 건 아니다. 완전한 부를 이루는 길을 가로막는 수많은 다른 장애물들이 있기 때문이다.

뒤에 제시된 질문들에 답하기에 앞서, 우리가 부자가 되는 것을 저해하는 것으로 보이는 장애물 목록을 작성해보자. 빚이나 부양 책임, 우리의 노력을 방해하는 것처럼 보이는 타인이나 자신의 한계, 열악한 환경이나 기회 부족 등 그 어떤 장애물이라도 상관없다. 단, 현실적인 방식으로 그것들을 극복할 때마다 성공이라는 보상이 기다리고 있음을 명심하자. 장애물들이 있더라도 그걸 극복하면서 앞으로 나갈 방법을 배웠기 때문에 금전적 문제 역시 자연스레 해결되는 것이다.

자신이 직면한 장애물들을 머릿속에 그려본 뒤, 아래 질문들에 대한 답변을 적으면서 부딪칠 법한 혹은 실제로 맞닥뜨린 장벽들을 어떻게 뛰어넘을 수 있을지 그 해결책을 찾아보자.

1. 대금업자 마톤은 다바시르가 바빌론의 존경받는 시민으로 다시 설 방법을 제안했다. 그 방법의 세 가지 핵심 내용을 설명해보라.

2. 마톤이 제시한 방법은 기쁨과 즐거움을 추구하는 인간의 자연스러운 욕구를 고려했을까? 아니면 잘못에 대한 일종의 속죄 행위로 고통을 강요하는 것일까?

3. 당신은 마톤이 제시한 방식대로 예산을 편성하고 있는가?

주거비, 식비, 의복비, 여가비 등 필수적인 지출을 하고도 다바시르가 빚을 청산하기 위해 남겨둬야 했던 비율만큼 수입 일부를 다른 용도로 사용하지 않고 남겨두는가?

4. 채권자들에게 공정하고 성실하게 빚을 갚기 위해 다바시르는 각자에게 동일한 금액을 상환해야 할까? 혹은 모든 채무를 동일한 횟수로 분할해 갚을 수 있도록, 많이 빌린 이에게는 많은 액수를, 적게 빌린 이에게는 적은 액수를 배정해야 할까? 어느 쪽이 더 공평할까?

5. 다바시르가 빚이 가져오는 파괴적인 힘을 극복하기 위해 먼저 깨달아야 했던 위대한 진리는 무엇인가? 이 진리가 다른 장애물에는 어떻게 적용될 수 있을지 설명해보라.

6. 다바시르가 가장 가까운 벗이라 여겼던 아마르는 상당 기간에 걸쳐 조금씩 빚을 갚겠다는 그의 제안을 듣고 심한 욕설을 퍼부었다. 성실한 청년 아마르는 아내와 더불어 인내와 절약으로 자금을 모았을 것이다. 그가 다바시르의 제안

에 격분하며 처음에는 옛 친구를 저주할 수밖에 없었던 이유를 설명해보라.

7. 채권자들은 다바시르가 빚을 상환하기 위해 내놓은 방식에 제각기 다른 반응을 보였다. 그가 과거에 얼마나 신뢰할 수 없는 행동을 저질렀는지를 알았기 때문일까? 만약 그가 자신의 경솔함이 아닌 불운으로 인해 빚을 지게 된 것이었다면 그들은 좀 더 정중하게 배려했을까?

8. 다바시르가 어떻게 용기와 의지를 잃지 않고 그 방식을 관철할 수 있었는지 말해보라.

9. 사업이 부진해 수입이 급감했을 때 다바시르는 어떻게 근근이 살아갔을까? 그와 아내가 스스로 정한 생활 수준을 유지하기 위해 더 많은 빚을 냈을까? 갑작스럽고 일시적인 곤경에 봉착했을 때 그들이 대처한 방식이 적절하고 현명했다고 여기는가?

10. 대다수 채권자가 처음에는 부정적인 입장이었음을 고려할 때, 다바시르가 마지막 빚까지 모두 청산하는 순간 그들의 태도가 그토록 극적으로 변화한 이유를 설명할 수 있겠는가? 알카하드처럼 구두쇠 노인이 이전에 돈을 빌려주고 돌려받지 못해 큰 어려움을 겪었음에도 다시금 다바시르에게 또 돈을 빌려주겠다고 한 이유는 무엇일까?

11. 다바시르에게는 안정적인 수입원이 없었다. 반면 슈루즈베리 교수의 상황은 달랐다. 두 사람 중 누가 그 방식을 활용하기에 더 유리한 위치에 있었는가?

12. 슈루즈베리 교수는 적자를 면하려고 노력했으나, 마톤의 방식을 도입하기 전까지는 뜻을 이루지 못했다. 그는 악순환의 굴레에서 벗어나지 못했다고 표현한다. 이런 악순환이 어떤 식으로 작동하는지 설명해보라.

13. 빚 외에도 부를 이루는 길을 방해하는 장벽이 많다면, 다수의 장애물을 동시에 극복하기 위해 노력과 자원을 늘리

는 게 현실적으로 타당한가? 아니면 한 번에 하나씩 집중하는 편이 더 현명할까?

14. 슈루즈베리 교수는 채권자들에게 어떤 이점을 제시함으로써 그 방식을 수용하도록 설득할 수 있었을까? 채권자들 가운데 오랜 시일에 걸쳐 소액씩 상환받는 것이 불리한 이가 있었을까?

15. 수입의 70퍼센트만 쓰면서 생활하겠다는 확고한 의지를 지속하려면 슈루즈베리 교수 부부가 심적으로나 물질적으로 어느 정도 애써야 했을까? 그것이 그들에게 굴욕감을 주는 일이었을까? 아니면 마치 수수께끼를 풀듯 흥미진진한 도전이었을까?

16. 슈루즈베리 교수처럼 수입의 일부를 분할 적립 투자할 수 있는 이에게 어떤 유형의 투자 상품을 추천할 수 있을까? 첫째, 투자금 손실 위험이 없어야 한다. 둘째, 누적 자금 전액 인출이 가능해야 한다. 셋째, 이자나 수익의 정기적 현

금화가 가능하고, 원하면 재투자도 할 수 있어야 한다. 이런 조건을 충족하면서 소액 투자자들도 활용할 수 있는 투자처를 찾아보라.

17. 슈루즈베리 교수가 빚을 모두 상환하고 나면, 매달 채무 변제에 충당되던 수입의 20퍼센트를 어떻게 운용하라고 조언하고 싶은가? 교수가 언급한 방법보다 더 현명하게 활용할 방안을 제안할 수 있겠는가?

18. 이 수업의 가르침을 좀 더 폭넓은 관점에서 볼 때, 장애물을 극복하는 데 가장 중요한 전제 조건은 무엇이라고 생각하는가? 그와 동등하게 중요한 몇 가지 전제 조건이 더 있다면 무엇인지 말하고, 그렇게 보는 이유를 설명해보라.

당신의 밝은 미래가 눈앞에 펼쳐진다

당신의 앞날이 멀리 뻗은 길처럼 눈앞에 펼쳐져 있다.

미래는 매력적인 불확실성을 품은 미지의 땅으로 당신 앞에 놓여 있다. 지나간 과거를 후회하며 시간을 허비하지 말자. 현재의 어려움과 문제들을 뛰어넘어서 보자. 미래는 당신의 것이다. 그리고 미래에는 당신의 가장 소중한 꿈들이 실현되기를 기대하는 것이 당연하다. 앞날을 내다볼 때 무슨 일이 일어날지 예측하는 것은 불가능하게 느껴진다. 하지만 나는 그렇게 할 수 있었다고 생각한다. 실제로 내게 그런 일이 벌어졌다. 내가 미리 본 몇몇 사건들은 정확히 내가 예견한 대로 전개

되었다. 더 먼 장래에 관해서도 예견한 그대로 이뤄질 것이라는 확신을 가지고 기쁜 마음으로 기다리고 있다.

나는 꿈에서 정말 기이한 체험을 했다. 꿈속에서 나는 시골의 진흙투성이 넓은 길 한가운데 서 있었다. 완만한 구릉이 많은 지대를 가로지르며 구불구불 길게 이어지는 길이 보였다. 바라보면 볼수록 이 길이 내 인생을 상징한다는 것을 서서히 깨닫게 되었다. 가장 멀리 뒤쪽으로 보이는 길은 내 유년기를 나타냈다. 내가 서 있는 지점은 현재였다. 그 사이에 있는 각각의 광경은 내 삶에서 중대한 사건들의 상징이었다. 그 일들이 생생한 영화처럼 펼쳐졌다. 선명하게 묘사된 다채로운 경험들이 어우러져 삶의 역사를 형성했다.

그곳에 서 있을 때 경이로울 만큼 강력한 생각이 스쳤다. 과거를 돌아볼 때처럼 미래 또한 선명하게 내다볼 수 있다면 얼마나 멋질까? 문득 마음을 정하고 몸을 돌려 길의 반대쪽을 바라보았다. 그 길, 나의 인생길은 당연히 멀리 미래의 언덕과 계곡들까지 계속 뻗어 있었다.

첫인상은 실망스러웠다. 아니 놀라웠다고 해야 할까? 대다수처럼 나 역시 미래는 과거, 현재와 상당히 다를 거라 기대한

다. 그러나 달라진 점을 하나도 발견할 수 없었다. 조금 변화가 있을 뿐, 똑같은 길이 앞쪽으로 계속 이어져 있었다. 약간 앞뒤로 구불거리는 건 별로 중요치 않았다. 그런데 앞쪽의 광경이 뒤의 광경과 마찬가지로, 점차 알아볼 수 있는 상징적인 형상들로 구체화되기 시작했다. 이상한 경외감을 느끼며 아직 벌어지지 않은 일들, 앞에 펼쳐진 이 길을 가는 동안 내게 숙명처럼 일어날 일들을 보고 있다는 사실을 또렷이 깨달았다. 순식간에 스쳐 지나가는 장면이지만, 하나하나 식별할 수 있을 정도였다. 나는 마지못해 꿈에서 깨어났다. 내가 목격한 것을 기억하고 싶은 욕망이 너무 강렬해서 그 장면들을 마음속에 생생히 각인했다. 이 글을 읽는 이라면 꿈에서 본 일들이 실제로 일어났는지, 궁금해할 것이다.

나는 주저 없이 진심으로 그렇다고 답할 수 있다. 그 장면들 중 상당수가 실제로 발생했고, 내 삶의 역사가 되었다. 그렇게 앞날을 내다보는 특권을 누린 지 15년쯤 되었다. 나는 그 길을 따라 멀리 여행했고, 내가 꿈에서 본 길과 동일한 길이라는 데는 의심의 여지가 없다.

인지했든 인지하지 못했든, 이 글을 읽는 사람들 모두 나처럼 미래로 통하는 길을 따라가고 있고, 앞날에는 염원하는 일들이 일어나기를 바란다. 그래서 내가 그 길에서 경험한 일들, 그토록 오랜 세월 길을 걸으며 알게 된 일들에 관해 몇 가지 비밀스러운 정보를 공유하려 한다.

내가 미래에 일어날 중대한 사건들 중 정말 많은 부분을 처음으로 내다보고 예견했을 때, 나는 다소 회의적이었다. 신의 섭리든 아니든 어떤 섭리가 내 운명을 지배하고, 어떤 일들이 일어나게끔 미리 정해 놓았다고 그대로 수용해야 할지 아니면 객관적이고 과학적인 관점을 유지하면서 그저 꿈이라며 모두 무시해야 할지 확신이 서지 않았다. 그러나 그 꿈은 사라지지 않았고, 세월이 흘러감에 따라 꿈속에서 보았던 일들이 하나둘 현실화되기 시작했다.

자연스럽게 그것이 결국 운명이었음을 깨닫게 되었다. 내가 가장 갈망했던 일들이 이뤄지고 있었다. 하지만 세월이 지나면서, 일어나지 않기를 바랐던 몇몇 사건이 발생하지 않았다는 사실도 알게 되었다. 확고하고 강한 의지로 나의 소망을 뒷받침할 때 내가 일어나기를 원하는 일들이 실현되도록 도울 수 있고, 반대로 발생하지 않기를 희망하는 일을 더 확실히 예방할 수 있음을 점점 더 깨달았다.

꿈에서 처음 본 광경을 내가 바꿔나갈 수도 있다는 사실도 알게 되었다. 그럼에도, 내 앞에 놓인 길은 늘 그래왔듯 정말 현실적이고 구체적이다. 이제는 가야 할 길을 분명히 알게 되어 행운이었음을 깨닫는다. 그 길은 소중한 꿈들을 많이 실현하도록 나를 이끌었다. 그리고 지금도 앞서서 나를 인도한다. 아직 벌어지지 않은 일들, 이뤄지기를 간절히 희망하는 일들도 내 길에서 기다리고 있다. 그런 일들이 일어나도록 내가 도울 수 있다는 것을 알기에, 때가 되면 실현된다는 확신을 가지고 기다린다.

당신의 앞날도 멀리 뻗은 길처럼 눈앞에 펼쳐져 있다. 이 길을 따라 아직 일어나지 않은 일들, 당신이 성취하고 싶은 꿈들, 당신이 이루고 싶은 야망들이 기다리고 있다. 이런 일들을 실현하게 하는 힘이 당신에게 있음을 믿으라. 그 모든 것이 현실이 된다는 확신을 가지고 기다리라. 미래의 노예가 아니라 주인이 되자. 당신이 가고 싶은 길로 만들어 나가자.

부자가 되는 길로 만들자.

옮긴이 **이선주**

연세대학교 사학과를 졸업하고 서울대 대학원에서 미술사를 공부했다. 조선일보 기자, 조선뉴
스프레스 발행 월간지 『톱클래스』 편집장을 지냈다. 현재 전문 번역가로 활동하고 있으며, 옮긴
책으로는 『애프터 라이프』, 『상처받은 관계에서 회복하고 있습니다』, 『코끼리도 장례식장에
간다』, 『퍼스트맨』 등이 있다.

바빌론 부자들의 돈 버는 지혜

1판 1쇄 발행 2024년 8월 9일
1판 3쇄 발행 2025년 1월 10일

지은이 조지 S. 클레이슨
옮긴이 이선주
발행인 박명곤 **CEO** 박지성 **CFO** 김영은
기획편집1팀 채대광, 이승미, 김윤아, 백환희, 이상지
기획편집2팀 박일귀, 이은빈, 강민형, 이지은, 박고은
디자인팀 구경표, 유채민, 윤신혜, 임지선
마케팅팀 임우열, 김은지, 전상미, 이호, 최고은

펴낸곳 (주)현대지성
출판등록 제406-2014-000124호
전화 070-7791-2136 **팩스** 0303-3444-2136
주소 서울시 강서구 마곡중앙6로 40, 장흥빌딩 10층
홈페이지 www.hdjisung.com **이메일** support@hdjisung.com
제작처 영신사

ⓒ 현대지성 2024

"Curious and Creative people make Inspiring Contents"
현대지성은 여러분의 의견 하나하나를 소중히 받고 있습니다.
원고 투고, 오탈자 제보, 제휴 제안은 support@hdjisung.com으로 보내 주세요.

현대지성 홈페이지

이 책을 만든 사람들
편집 채대광 **표지 디자인** 스튜디오 베어 **내지 디자인** 박애영